金石同壽·青銅器精品集 2

閲　是編

浙江人民美術出版社

圖書在版編目（CIP）數據

金石同壽·青銅器精品集 2 / 閱是編. -- 杭州：浙江人民美術出版社，2017.9
ISBN 978-7-5340-6181-3

Ⅰ. ①金 Ⅱ. ①閱 Ⅲ. ①青銅器(考古)-中國-圖集 Ⅳ. ①K876.412

中國版本圖書館CIP數據核字(2017)第227697號

金石同壽·青銅器精品集 2

閱 是 編

責任編輯 楊 晶
文字編輯 傅笛揚 羅仕通
裝幀設計 陸豐川
責任印製 陳柏榮

出版發行 浙江人民美術出版社
(杭州市體育場路 347 號)
網 址 http://mss.zjcb.com
經 銷 全國各地新華書店
製 版 杭州富春電子印務有限公司
印 刷 杭州富春電子印務有限公司
版 次 2017 年 9 月第 1 版·第 1 次印刷
開 本 889mm×1194mm 1/16
印 張 9.25
書 號 ISBN 978-7-5340-6181-3
定 價 450.00 圓

前　言

“美成在久”，語出《莊子 · 人間世》。但凡美好之物，都需經日月流光打磨，才能日臻至善。一蹴而就者，哪能經得起歲月的考驗？真正的美善，一定是“用時間來打磨時間的產物”——卓越的藝術品即如此，有社會責任感的藝術拍賣亦如此。

西泠印社的文脈已延綿百年，西泠拍賣自成立至今，始終以學術指導拍賣，從藝術的廣度與深度出發，守護傳統，傳承文明，創新門類。每一年，我們秉持著“誠信、創新、堅持”的宗旨，徵集海內外的藝術精品，通過各地的免費鑒定與巡展、預展拍賣、公益講堂等形式，倡導“藝術融入生活”的理念，使更多人參與到藝術收藏拍賣中來。

回望藝術發展的長河，如果沒有那些大藏家、藝術商的梳理和遞藏，現在我們就很難去研究當時的藝術脈絡，很難去探尋當時的社會文化風貌。今時今日，我們所做的藝術拍賣，不僅著眼于藝術市場與藝術研究的聯動，更多是對文化與藝術的傳播和普及。

進入大眾的視野，提升其文化修養與生活品味，藝術所承載的傳統與文明才能真正達到“美成在久”——我們出版整套西泠印社拍賣會圖錄的想法正源於此。上千件躍然紙上的藝術品，涵括了中國書畫、名人手跡、古籍善本、篆刻印石、歷代名硯、文房古玩、庭院石雕、紫砂藝術、中國歷代錢幣、油畫雕塑、漫畫插圖、陳年名酒、當代玉雕等各個藝術門類，蘊含了民族的優秀傳統與文化，雅致且具有靈魂，有時間細細品味，與它們對話，會給人以超越時空的智慧。

現在，就讓我們隨著墨香沁人的書頁，開啟一場博物藝文之旅。

此種重器　其足羽翼經史

更在毛公諸鼎之上

王國維《觀堂集林　兮甲盤跋》

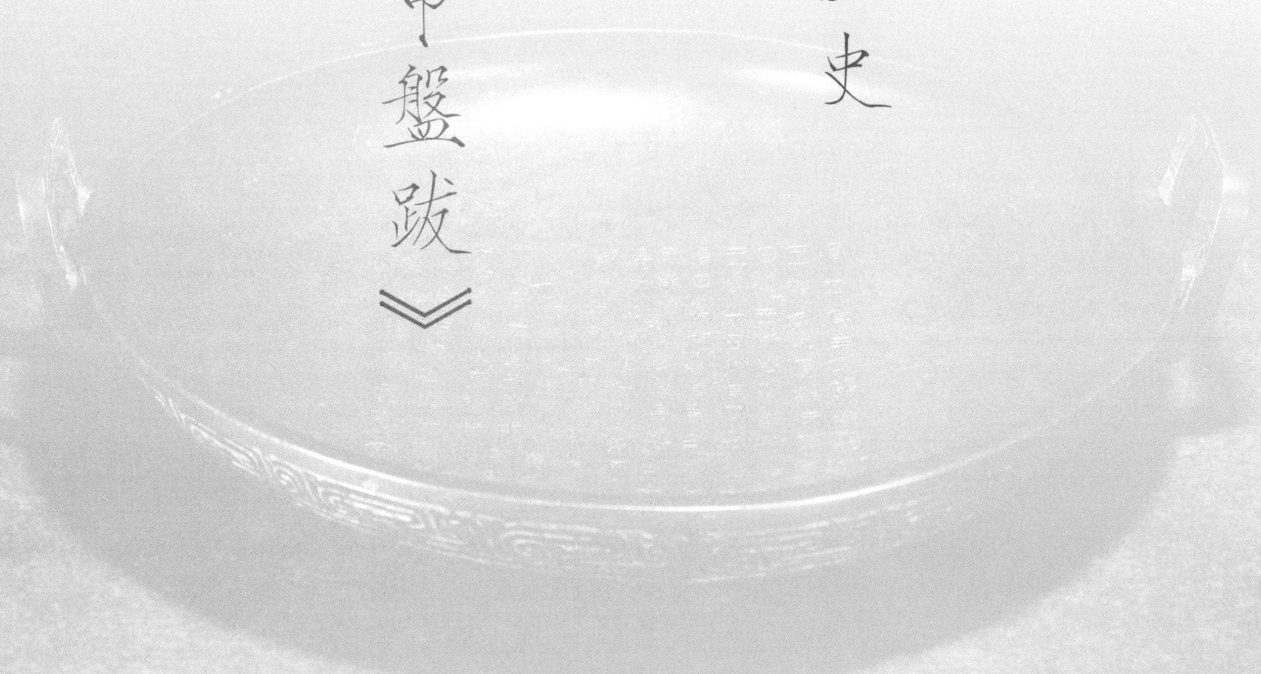

隹（惟）五年三月既死霸庚寅，
王初各（格）伐厭𤞷（玁狁）于啚盧。兮
甲從王，折首執噝（訊），休，亡敃（湣）。
王易（賜）兮甲馬三匹、駒車，王
令甲政（征）𤔲（治）成周三方責（積），至
於南淮尸（夷）。淮尸（夷）舊我貟（帛）畮（賄）人，母（毋）
敢不出其貟（帛）、其責（積）、其進人，
其賓（賈）母（毋）敢不即𨕫（次）即𡴡（市）。敢
不用令（命），𠟭（則）即井（刑），廝（撲）伐。其隹（唯）
我者（諸）侯、百生（姓）氒賓（賈），母（毋）不即
𡴡（市），毋敢或入䜌（闌）安（宄）賓（賈），𠟭（則）亦
井（刑）。兮白（伯）吉父乍（作）般（盤），其釁（眉）壽
萬年無疆，子子孫孫永寶用。

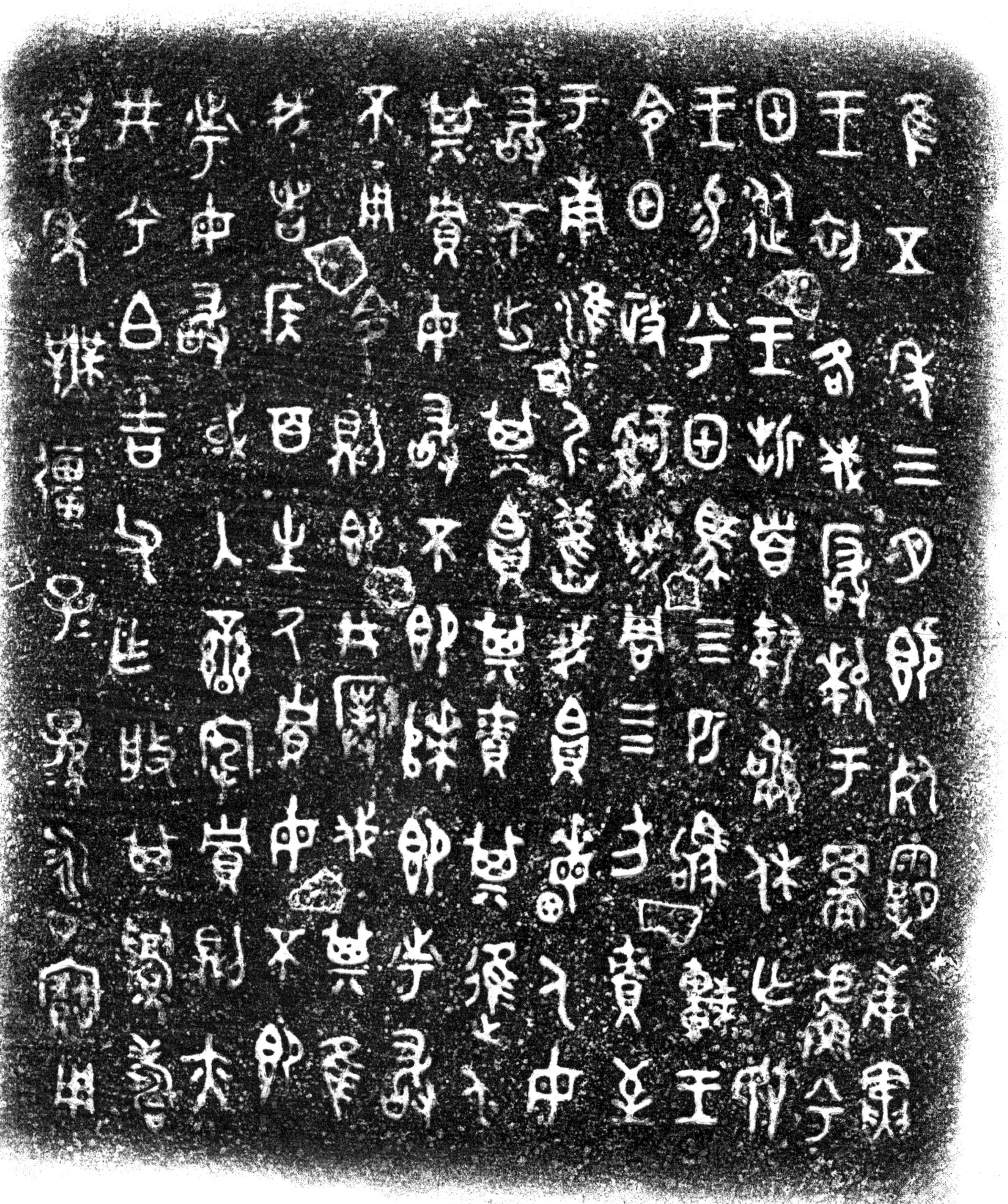

歷代著錄出版期刊及遞藏：

1. 張掄《紹興內府古器評》卷下，南宋紹興年間（1131–1162 年），暨南宋宮廷收藏。
2. 鮮于樞《困學齋雜錄》，元（1271–1368 年），暨李順甫、鮮于樞收藏。
3. 陸友仁《研北雜誌》卷上，元（1271–1368 年）。
4. 陳介祺兮甲盤拓片，國家圖書館藏，清道光二十五年至咸豐六年間（1845–1856 年）。
5. 陳介祺《簠齋藏古冊目並題記》第九冊第三一五頁，民國九年（1920 年）。
6. 陳介祺《簠齋藏器目》第十八頁，民國二十五年（1936 年）。
7. 陳介祺、陳繼揆《簠齋金文題識》第六三頁，文物出版社，2005 年。
8. 陳介祺《簠齋吉金錄》兮田盤一，鄧實編，民國七年（1918 年）。
9. 西泠印社春季拍賣《吉金嘉會 · 金石碑帖專場》第四四九一號，兮甲盤清代未剔本（字口未清理）拓片及已剔本（字口已清理）拓片，2017 年。
10. 吳式芬《攈古錄》卷三第二二頁，清宣統二年（1910 年），暨保陽府收藏，陳介祺收藏。
11. 吳式芬《攈古錄金文》卷三第二冊第六七至七十頁，清光緒二十一年（1895 年）。
12. 吳大澂《愙齋集古錄》卷十六第十三至十四頁，民國七年（1918 年）。
13. 方濬益《綴遺齋彝器款識考釋》卷七第七至十頁，民國二十四年（1935 年）。
14. 孫詒讓《古籀餘論》卷三第三五至三七頁，民國十八年（1929 年）。
15. 劉心源《奇觚室吉金文述》卷八第十九至二一頁，清光緒二十八年（1902 年）。
16. 鄒安《周金文存》卷四第二頁，民國五年（1916 年）。
17. 王國維《觀堂集林 · 別集》卷二第八至十頁《兮甲盤跋》，中華書局，1959 年（是文作於 1921 年）。
18. 吳闓生《吉金文錄》卷四第二六頁，民國二十二年（1933 年）。
19. 于省吾《雙劍誃吉金文選》卷上三第二四至二五頁，民國二十三年（1934 年）。
20. 郭沫若《兩周金文辭大系圖錄考釋》第一三四頁，第一四三至一四四頁，民國二十四年（1935 年）。
21. 劉體智《小校經閣金石文字拓本》卷九第八四頁，民國二十四年（1935 年）。
22. 柯昌濟《韡華閣集古錄跋尾》壬篇第二頁，民國二十四年（1935 年）。
23. 黃公渚《周秦金石文選評註》第一一五至一一六頁，民國二十四年（1935 年）。
24. 吳其昌《金文曆朔疏證》卷五第十六至十八頁，民國二十五年（1936 年）。
25. 羅振玉《三代吉金文存》卷十七第二十頁，民國二十六年（1937 年）。
26. 容庚《商周彝器通考》上第五七頁，下圖八三九號，哈佛燕京學社出版，民國三十年（1941 年）。
27. 楊樹達《積微居金文說》卷一第三五至三七頁，科學出版社，1952 年（是文作於 1942 年）。
28. 斯維至《古代的"刑"與"贖刑"》，《人文雜誌（第一期）》第八二頁，1958 年。
29. 陳夢家《西周銅器斷代》上第三二三至三二七頁，下第八二六頁，圖二一三號，中華書局，2004 年（是文作於 1965 年）。
30. 《辭海》試行本，第八分冊歷史，第四七三頁，中華書局辭海編輯所，1961 年。
31. 《辭海》歷史分冊世界史、考古學，第三一八頁，上海辭書出版社，1978 年。
32. 巴納、張光裕《中日歐美澳紐所見所拓所摹金文彙編》卷一第七十頁，銘文二五號，藝文印書館，1978 年。
33. 葉達雄《中國歷史圖說 3 西周》第一一五頁，新新文化出版有限公司，1979 年。
34. 郭庶英《郭沫若遺墨》第三六頁，河北人民出版社，1980 年。
35. 嚴一萍《金文總集》第三七零三至三七零四頁，第六七九一號，藝文印書館，1983 年。
36. 劉翔《周夷王經營南淮夷及其與鄂之關係》，《江漢考古（第三期）》第四十頁，1983 年。
37. 劉翔《周宣王征南淮夷考》，《人文雜誌（第六期）》第六六頁，1983 年。
38. 王玉哲《西周金文中的"貯"和土地關係》，《南開學報（第三期）》第四七頁，1983 年。
39. 林巳奈夫《殷周時代青銅器的研究——殷周青銅器總覽》（一）第三六六頁，盤七四號，吉川弘文館，昭和五十九年（1984 年）。
40. 李学勤《兮甲盤與駒父盨》，載《西周史研究》第二六六頁，人文雜誌編輯部，1984 年。
41. 梁披雲《中國書法大辭典》第一零三四頁，廣東人民出版社，1984 年。
42. 李學勤《魯方彝與西周商賈》，《史學月刊（第一期）》第三一頁，1985 年。
43. 連劭名《〈兮甲盤〉銘文新考》，《江漢考古（第四期）》第八七頁，1986 年。
44. 胡澱咸《貫田應是賣田》，《安徽師範大學學報（第十四卷第三期）》第五一頁，1986 年。
45. 《商周青銅器銘文選 1》第二七六頁，文物出版社，1986 年。
46. 古銘、徐谷甫《兩周金文選——歷代書法萃英》第二四二頁，上海書畫出版社，1986 年。
47. 《中國美術全集》書法篆刻編 1 商周至秦漢書法，第二六頁，上海人民美術出版社，1987 年。
48. 馬承源《中國青銅器》第三九三頁，上海古籍出版社，1988 年。
49. 馬承源《商周青銅器銘文選》第三零五頁，文物出版社，1988 年。
50. 張大可、徐景重《中國歷史文選下》第一九九頁，甘肅教育出版社，1988 年。
51. 洪家義《金文選注繹》第三九八頁，江蘇教育出版社，1988 年。
52. 黃思源《中國書法通鑒》第三一頁，河南美術出版社，1988 年。
53. 白川靜《金文的世界：殷周社會史》第一九五頁，聯經出版事業公司，1989 年。
54. 劉翔《商周古文字讀本》第一三四頁，語文出版社，1989 年。
55. 李學勤《新出青銅器研究》第一三八頁，文物出版社，1990 年。
56. 安作璋《中國將相辭典》第四頁，明天出版社，1990 年。
57. 周倜《中國歷代書法鑒賞大辭典上》第五零頁，北京燕山出版社，1990 年
58. 李國鈞《中華書法篆刻大辭典》第四五四頁，湖南教育出版社，1990 年。
59. 楊廣偉《銅器銘文所見西周刑法規範考述》，《上海大學學報（第五期）》第九十頁，1990 年。
60. 張懋鎔《西周南淮夷稱名與軍事考》，《人文雜誌（第四期）》第八一頁，1990 年。

61. 陳連慶《中國古代史研究——陳連慶教授學術論文集上》第一一五二頁，吉林文史出版社，1991 年。
62. 中國歷史博物館編《簡明中國文物辭典》第九四頁，福建人民出版社，1991 年。
63. 秦永龍《西周金文選註》第一八七頁，北京師範大學出版社，1992 年。
64. 趙忠文《中國歷史學大辭典》第一一七頁，延邊大學出版社，1992 年。
65. 華夫《中國古代名物大典上》第一三四二頁，濟南出版社，1993 年。
66. 邵鴻《卜辭、金文中“貯”字為“賈”之本字說補證》，《南方文物（第一期）》第八九頁，1993 年。
67.《殷周金文集成》第十六冊，第一零一七四號，中國社會科學院考古研究所編，中華書局，1994 年。
68. 曹者祉《國寶大典》第六三八頁，文匯出版社，1996 年。
69. 雷志雄《中國歷代書法精品觀止篆書卷》第三四頁，湖北人民出版社，1996 年。
70. 周斌《夏商西周時期的區際貿易》，《喀什師範學院學報（第十七卷第三期）》第三三頁，1996 年。
71. 日知《中西古典文明千年史》第四三九頁，吉林文史出版社，1997 年。
72. 汪受寬、高偉《中國歷史文選》第一零四頁，甘肅文化出版社，1998 年。
73. 侯志義《金文古音考》第三二零頁，西北大學出版社，2000 年。
74.《中華歷史大辭典》第二一一一頁，延邊人民出版社，2001 年。
75. 尚秀妍《兮甲盤銘匯釋》，《殷都學刊（第二二卷第四期）》第八九頁，2001 年。
76. 沈柔堅《中國美術大辭典》第五三三頁，上海辭書出版社，2002 年。
77. 張書珩《中國書法全集——篆書全集上》第三六頁，中國檔案出版社，2002 年。
78. 谷溪《中國書法藝術——殷周春秋戰國》第八四號，文物出版社，2003 年。
79. 李義海《〈兮甲盤〉續考》，《殷都學刊（第二四卷第四期）》第九九頁，2003 年。
80. 尹盛平《西周史徵》第一六一頁，陝西師範大學出版社，2004 年。
81. 張弘《中國篆隸名作鑒賞》第三四頁，遠方出版社，2004 年。
82. 陳秉新、李立芳《出土夷族史料輯考》第三七五頁，安徽大學出版社，2005 年。
83. 張懋鎔、張仲立《青銅器論文索引（1983-2001）1》第五四八頁，香港明石文化國際出版有限公司，2005 年。
84. 紫都《先秦書法名作鑒賞》第一六三頁，中央編譯出版社，2005 年。
85. 王輝《商周金文》第二四一頁，文物出版社，2006 年。
86. 張華田《尹吉甫在房縣的遺跡和影響》第六四頁，中國文物出版社，2006 年。
87. 彭慧賢《從西周戰爭銘文再探〈詩經〉征伐動詞》，《興大人文學報（第四三期）》第五五頁，2009 年。
88. 馬如森《甲骨金文拓本精選釋譯》第一零九頁，上海大學出版社，2010 年。
89. 鄭天挺、譚其驤《中國歷史大辭典 1》第五一七頁，上海辭書出版社，2010 年。
90. 朱繼平《從淮夷族群到編戶齊民——周代淮水流域族群衝突的地理學觀察》第一三七頁，人民出版社，2011 年。
91. 杜迺松《杜迺松說青銅器與銘文》第二三九頁，上海辭書出版社，2012 年。
92. 王程遠《西周金文王年考辨》第七七頁，四川大學出版社，2012 年。
93. 劉佳《話說金文上》第一二九頁，山東人民出版社，2012 年。
94. 司恵國《篆隸通鑒》第四四頁，藍天出版社，2012 年。
95. 吴鎮烽《商周青銅器銘文暨圖像集成》第二五冊第五九五至五九六頁，第一四五三九號，上海古籍出版社，2012 年。
96. 杜志勇《尹吉甫其人其詩》，《詩經研究叢刊（第零期）》第六五頁，2012 年。
97. 康少峰《兮甲盤銘文考釋三則》，《寶雞文理學院學報（第三二卷第一期）》第十八頁，2012 年。
98. 馬如森《商周銘文選注譯》第二五九頁，上海大學出版社，2013 年。
99. 葉正渤《西周若干可靠的曆日支點》，《殷都學刊（第三五卷第一期）》第十五頁，2014 年。
100. 康盛楠《兮甲盤“晦”字意義再證》，《遵義師範學院學報（第十六卷第四期）》第二三頁，2014 年。

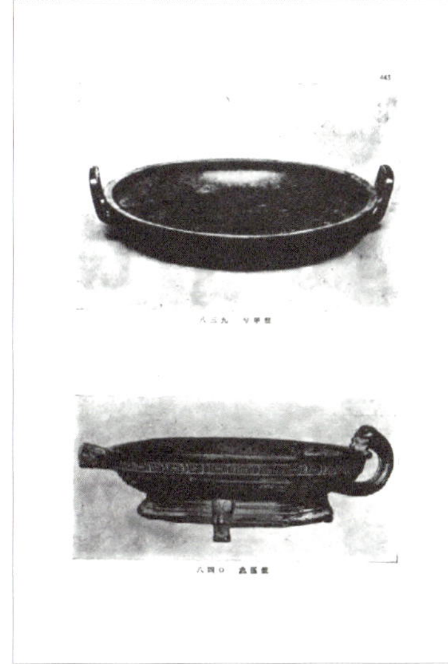

容庚《商周彝器通考》1941 年版

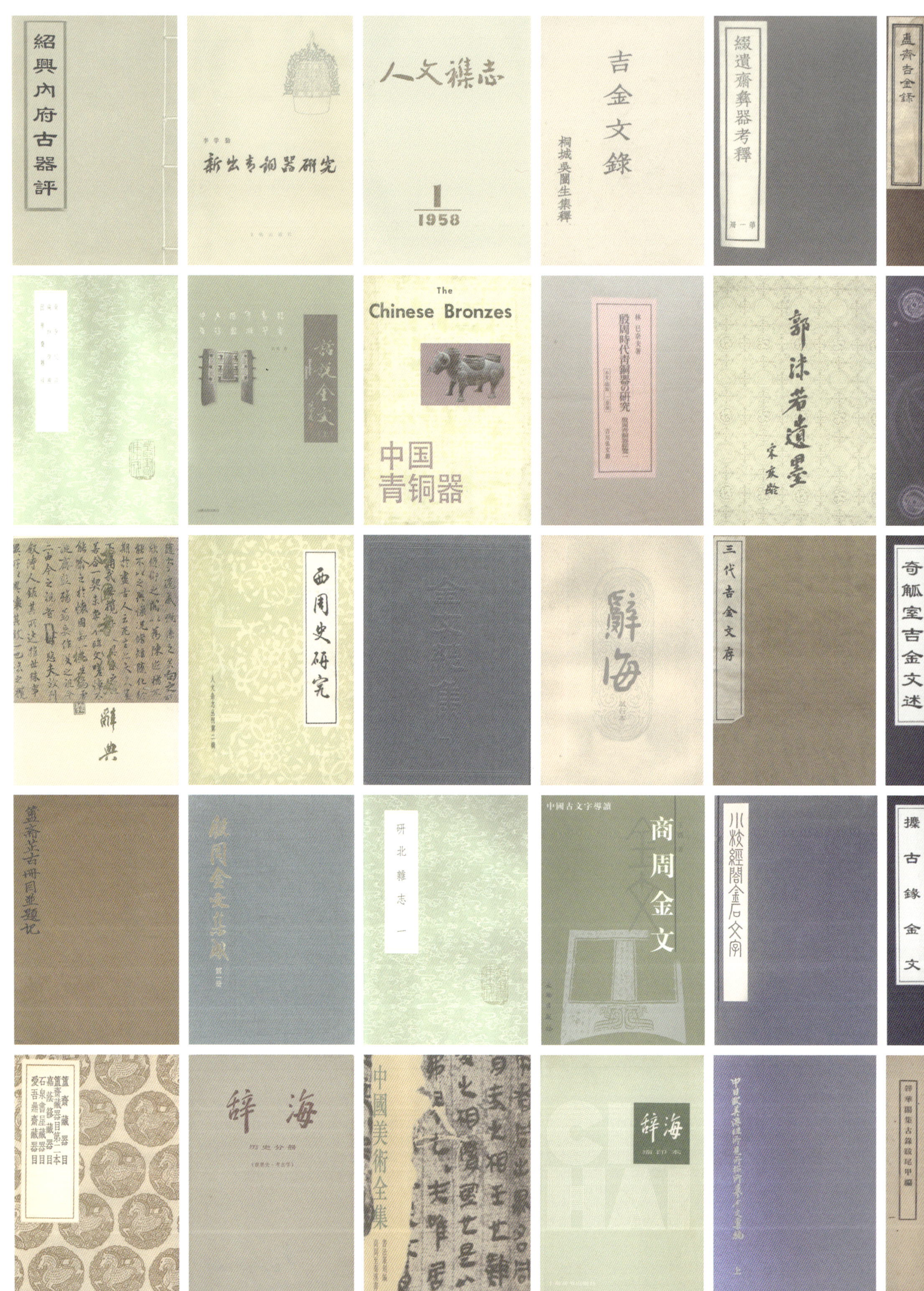

紹興內府古器評
新出青铜器研究
人文襍志
1
1958
吉金文錄
桐城吳闓生集釋
綴遺齋彝器考釋
The
Chinese Bronzes
中国
青铜器
郭沫若遺墨
西周史研究
辭海
三代吉金文存
奇觚室吉金文述
研北雜志 一
中國古文字導讀
商周金文
攈古錄金文
辭海
中國美術全集
辭海

唯一存世南宋宮廷舊藏西周重器國寶兮甲盤
出版著錄及論述達百餘種之多

868

唯一存世南宋宮廷舊藏

西周宣王五年（公元前 823 年）· 青銅兮甲盤

說明：**兮甲盤是宋代宮廷收藏唯一可見之實物，亦是宋代及宋代以前所有記載中唯一傳世之重器，可謂流傳年代最久遠的國寶重器。**（見吳鎮烽文）。

器中銘文一百三十三字，記載中央王朝西周周宣王的歷史，從政治穩定、社會制度、經濟發展多角度記錄一個正在崛起的偉大文明古國。

其出版著述，自南宋初年起，途經宋元明清歷代金石學大家，多達百餘種。

是已知國內拍賣市場中銘文字數最多、出版著述最多，級別最高、分量最重的青銅器。

銘文所記內容，時間、地點、人物、事件齊全，意義簡而概括如下：

一，所涉人物級別之高前所未有。周宣王為西周倒數第二王，開啟了“西周中興”之盛世。國家博物館鎮館之寶“虢季子白盤”即是周宣王所銘，且比兮甲盤要晚七年。

兮甲就是尹吉甫，是當時的軍事家、政治家和大詩人，文武雙全。他是《詩經》的主要編纂人，保留和弘揚了中國早期文化，被認作“詩祖”。

二，記載保衛國土、穩定南北邊疆。兼及與少數民族之關係。兮甲跟隨周王北伐匈奴獲勝，保衛北方國土。又治理南淮夷，維護了王朝東南邊疆的穩定。“虢季子白盤”同樣記錄北伐之事。

三，記載建設法制、完善社會制度。兮甲監督貢賦，規範商貿，嚴明法律，是治理國家的重臣。孔子尚欽周禮，周代之制度也可謂中國後世一切制度的鼻祖。

四，記載開展貿易、絲綢之路萌芽。南淮夷向周的進貢主要是絲織品，線路自黃淮到陝西，即是早期的“絲綢之路”（見郝本性文）。

五，流傳為宋代以來金石學及其他學問之縮影。宋代以降張掄、鮮于樞、陸友仁、吳式芬、陳介祺、吳大澂、羅振玉、王國維、容庚、郭沫若、陳夢家等幾乎所有重要之金石學著作均載此件。另，對文字的興趣不僅興起了金石學，也可謂宋代以後其他學問之開端。

正如王國維所說：“此種重器，其足羽翼經史，更在毛公諸鼎之上。”

出版著錄：（參見前頁計百種）。

部分傳承：1. 南宋宮廷收藏。

2. 元李順甫收藏。

3. 元鮮于樞收藏。

4. 清或清以前保定官府收藏。

5. 清陳介祺收藏。

THE FIFTH YEAR OF XUANWANG PERIOD, WESTERN ZHOU DYNASTY A BRONZE PLATE WITH TWO HANDLES, '*XI JIA' PAN*

Provenance : 1. Imperial collection Southern Song Dynasty

2. Li Shunfu, Yuan Dynasty

3. Xian Yushu, Yuan Dynasty

4. Bao Yang Fu, Qing Dynasty or earlier than Qing Dynasty

5. Chen Jieqi, Qing Dynasty

高：11.7cm 直徑：47cm（耳距）

估價待詢

周宣王（？～前 783），姬姓，名靜，一作靖，周厲王姬胡之子，西周第十一代君主，西元前 828 年至前 783 年在位。周宣王繼位後，政治上任用召穆公、尹吉甫、仲山甫、程伯休父、虢文公、申伯、韓侯、顯父、仍叔、張仲一幫賢臣輔佐朝政；軍事上借助諸侯之力，任用南仲、召穆公、尹吉甫、方叔陸續討伐玁狁、西戎、淮夷、徐國和楚國，使西周的國力得到恢復，史稱“宣王中興”。

尹吉甫［西周］，字吉父，一作吉甫，兮氏，名甲，金文作兮甲、兮伯吉父。因擔任官職為周王朝的“內史尹”，又名尹，稱尹吉甫。他是《詩經》的主要採集者，軍事家、詩人、哲學家，輔助周宣王中興周朝。曾奉周宣王命與南仲出征玁狁，獲大勝。後又發兵南征，對南淮夷征取貢物，深受周王室的倚重。留有舉世聞名的兮甲盤。

唯一存世南宋宫廷舊藏西周重器國寶兮甲盤

期　青銅史述簋

舊藏者通運公司姚昌復

姚昌復（1884～1963），字叔來，英文名 Yau Chang Foo，縮寫 C.F.Yau，國際著名古董商，生於江蘇蘇州，自幼受家庭熏陶，對青銅器、陶瓷、玉器、古代書畫情有獨鍾。1902 年，姚叔來與孫寶琦、張靜江、姚蕙、李石曾、盧芹齋、吳啟周一起前往巴黎。次年，張靜江創辦通運公司（Ton-Ying & Co.），姚叔來擔任總經理，直至逝世。在任職期間，他與英國陶瓷古董商大威德、美國收藏家默尔夫人、瑞典國王古斯塔夫六世往來不斷，和國民黨高層、政商、江浙收藏大家名仕多有聯繫。著有《中國書畫研究》一書，詳錄唐宋元真跡，林語堂作序，牛津大學出版。

舊藏者奧斯古夫人

瑪格麗特·格雷琴·奧斯古·沃倫（1871～1961），出生在馬薩諸塞州首府波士頓著名歷史住宅區貝肯山的一個富裕家庭。因為家庭條件優渥，她從小喜愛並接觸音樂和戲劇。她是巴黎音樂學院的學生，曾在著名作曲家加百利·弗雷門下學習女中音。1891 年 4 月 14 日她嫁入了另一個貝肯山名門，成為了紙張製造商菲斯特·沃倫的夫人。

陳夢家名著《美帝國主義劫掠的我國殷周銅器集錄》書影，內錄史述簋影像及銘文拓片

869

西周早期・青銅史述簋

銘文：史述作父乙寶簋飤。

說明：青銅簋始現於商代早期，西周時期開始盛行且樣式多變。其用途多為盛放黍稷的食器，使用之時常與鼎搭配組合。《周禮・秋官・掌客》言："鼎簋十有二。"鄭玄注："合言鼎簋者，牲與黍稷俱食之主也。"即為此意。商周時期，簋是重要的禮器，《周禮・地官・舍人》中記載："凡祭祀，共簠簋"。西周時期，青銅簋與列鼎制度一樣，常出現於重大的宴饗和祭祀活動中，以偶數與列鼎配合使用。簋與鼎的組合代表著貴族等級、政治權力與經濟地位的高低。這套制度讓當時社會長期處於穩定與平衡，因此王侯貴族鑄造禮器銘文，祈福保佑宗族延綿不絕。

此件青銅簋方唇沿，侈口束頸，垂圓鼓腹，高圈足，下有狹邊。兩環耳上有獸首，下有扁方耳垂。頸部一周，裝飾長冠鳳紋，每面兩鳳相對，居中有花式扉棱。鳳紋長冠逶迤，長達背部，末端回卷，長尾飄飄，極為華麗。鳳鳥紋在商末開始大量出現，尤其是西周早期到穆王、恭王，被稱為青銅的鳳紋時代。腹內有銘文"史述乍父乙寶簋飤。"銘文中，"史"是官職，商周時代，史的職能是掌管起草文書、策命諸侯卿大夫、記載史事，兼管典籍、曆法、祭祀等事，後逐漸演化為姓氏。"述"是器主名，"父乙"即"述"的父親，"飤"作食器之用。參考陝西所出"廿七年衛簋"器型，兩者基本同時，結合銘文書寫風格，斷此件為西周早期晚段器。

EARLY WESTERN ZHOU DYNASTY A BRONZE COOKING 'SHI SHU' VESSEL, *GUI*

Illustrated: 1. *Outstanding Current Exhibitions of Chinese Bronzes and Porcelains, Parnassus*, Vol. 2, pp. 32-39 and 53, issue 8, Eastman, December, 1930

2. *Collection of Bronze Wares of Shang and Zhou Dynasties Plundered by American Imperialism*, p. 476, pl. 190, p. 230, no. 388, Chen Mengjia, Science Press, 1962

3. *Illustrated Collection of Inscriptions on Bronze Vessels of Shang and Zhou Dynasties*, Vol. 9, p. 251, no. 4495, Wu Zhenfeng, Shanghai Ancient Books Publishing House, 2012

Literature: 4. *Supplement to Inscriptions on the Bronzes of Three Dynasties*, Vol. 1, p. 34, Zhou Fagao, Taiwan Kuofong Publishing House, 1980

5. *Catalogue of Literatures on Inscription on Bronze Wares*, p. 123, no. 2097, Sun Zhichu, Zhonghua Book Company, 1981

6. *General Collection of Inscriptions on Bronzes*, p. 1201, no. 2300, Yan Yiping, Yee Wen Publishing Company, 1983

7. *Inscriptions on Bronze Wares of Shang and Zhou Dynasties*, Vol. 6, p. 253, no. 3646, Zhonghua Book Company, 1994

8. *Catalogue of Literatures on Inscriptions of Shang and Zhou Dynasties*, p. 527, no. 3999, Liu Yu, Shen Ding, Lu Yan and Wang Wenliang, Zhonghua Book Company, 2008

Exhibited: 9. Tong Yin & Co., New York, U.S., December, 1930

10. Museum of Fine Arts, Boston, U.S., 1938

11. The Fogg Museum of Harvard University, U.S., 1941

Provenance: 1. C. F. Yau, Tong Yin & Co., 1930

2. Horace D. Chapin, 1930 - circa 1936

3. Ms. Osgood, after circa 1936

高：14cm

RMB: 1,200,000－1,800,000

出版：1. 伊士曼《中國青銅器及瓷器展覽》，《parnassus》，第二卷，第八期，第三二至三九及五三頁，1930 年 12 月。

2. 陳夢家《美帝國主義劫掠的我國殷周銅器集錄》第四七六頁，圖一九零號，第二三零頁，拓片三八八號，中國科學院考古研究所編，科學出版社，1962 年。

3. 吳鎮烽《商周青銅器銘文暨圖像集成》第九冊第二五一頁，第零四四九五號，上海古籍出版社，2012 年。

著錄：4. 周法高《三代吉金文存補》卷一第三四頁，台灣國風出版社，1980 年。

5. 孫稚雛《金文著錄簡目》第一二三頁，第二零九七號，中華書局，1981 年。

6. 嚴一萍《金文總集》第一二零一頁，第二三零零號，藝文印書館，1983 年。

7.《殷周金文集成》第六冊，第二五三頁，第三六四六號，中國社會科學院考古研究所編，中華書局，1994 年。

8. 劉雨、沈丁、盧岩、王文亮《商周金文總著錄表》第五二七頁，第三九九九號，中華書局，2008 年。

展覽：9. 美國紐約通運公司，1930 年 12 月。

10. 美國波士頓美術館，1938 年。

11. 美國哈佛大學福格美術館，1941 年。

遞藏：1. 美國通運公司姚昌復（C.F.Yau），1930 年。

2. 美國藏家賀瑞斯・查賓（Horace D.Chapin），1930 至約 1936 年。

3. 美國波士頓藏家奧斯古夫人（Osgood），約 1936 年後。

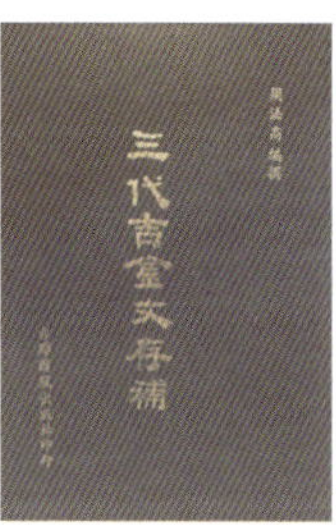

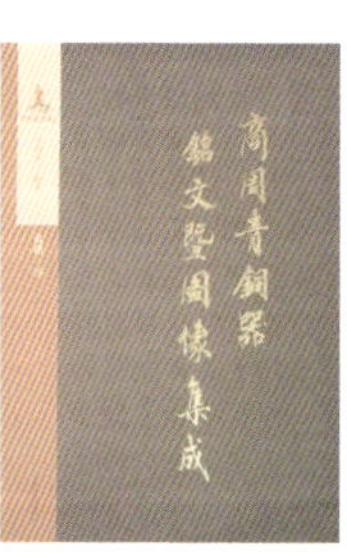

西周早期　青銅史述簋

舊藏者羅振玉

羅振玉（1866～1940），字式如、叔蘊、叔言，號雪堂，永豐鄉人，晚號貞松老人、松翁。祖籍浙江省上虞縣永豐鄉，出生于江蘇省淮安市淮安區。近代農學家、教育家、考古學家、金石學家、敦煌學家、目錄學家、校勘學家、古文字學家。對中國科學、文化、學術頗有貢獻，參與開拓現代農學、保存內閣大庫明清檔案、從事甲骨文字的研究與傳播、整理敦煌文卷、開展漢晉木簡的考究、宣導古明器研究。一生著作達一百八十九種，校刊書籍六百四十二種。

羅振玉名著《貞松堂吉金圖》書影，內錄光鼎影像及銘文拓片

三代吉金文存

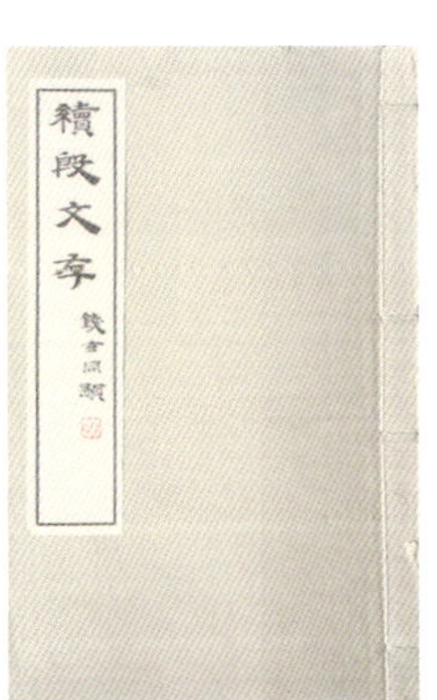

金文著录简目

Chinese
Bronzes
Ferocious Beauty
ASIAPAC PUBLICATION

商周金文總著錄表
中華書局

金文引得

870

商晚期・青銅光鼎

銘文：光。

說明：此件侈口方唇，束頸鼓腹，沿上設一對立耳，圜底下承三條柱足。頸部環飾彎角獸體鳥紋，以扉棱間隔，腹飾垂葉蟬紋，均以雲雷紋為地。彎角鳥紋的特征是在鳥的腦後有一彎角，角根粗壯，向下彎曲，尖部向上，流行於商末周初。蟬紋同樣在此時流行，雙目突出，不做翅翼，多用於輔助紋飾。在鼎腹部時，多豎構圖，此件就是一例。鼎腹內壁近口沿處鑄有“光”字銘文。鼎下垂的鼓腹，根部略粗的腿，都與安陽西北崗商末束頸立耳青銅鼎相似，為商晚期器。器形周正敦厚，鑄造工藝精湛，尺寸雖小然體量厚重，為商代晚期同類青之翹楚。

LATE SHANG DYNASTY A TRIPOD BRONZE COOKING 'GUANG' VESSEL WITH CICADA AND BIRD PATTERNS, *DING*

Illustrated: 1. *Rubbings of Bronzes of Zhen Song Tang*, Vol. 1, p. 3, Luo Zhenyu, 1935
2. *Collection of Inscriptions on Ancient Bronze Wares*, p. 1846, Wang Xiantang, Qingdao Publishing House, 2007
3. *Chinese Bronzes: Ferocious Beauty*, cover, Chen Wangheng, Asiapac Books, 2001

Literature: 4. *Sequel to Inscriptions on Bronze Wares of Shang Dynasty*, Vol. 1, p. 7, no. 12, Wang Chen, Archaelogical Society, 1935
5. *Inscripions on Bronzes of Three Dynasties*, Vol. 2, p. 4, no. 8, Luo Zhenyu, 1937
6. *Catalogue of Literatures of Inscription*, pp. 14-15, no. 44, Sun Zhichu, 1981
7. *General Collection of Inscriptions on Bronzes*, p. 16, no. 47, Yan Yiping, Yee Wen Publishing Company, 1983
8. *Inscriptions of Bronze Wares of Shang and Zhou Dynasties*, Vol. 3, p. 233, no. 1025, Zhonghua Book Company, 1994
9. *Extractions of Inscriptions on Bronze Wares*, p. 171, no. 2951, Guangxi Educational Press, 2001
10. *Catalogue of Literatures of Inscriptions on Shang and Zhou Dynasties*, p. 163, no. 1150, Zhonghua Book Company, 2008

Exhibited: 11. 'Collection of Rare and Fine Bronze Wares: Ancient Chinese Bronzes and Bronzes of Erdos', Hong Kong Museum of Art, 1990
12. 'Selected Fine Chinese Bronzes', Singapore, 2000
13. 'Special Exhibition of Metal, Wood, Water, Fire and Earth', Hong Kong Museum of Art, 2002-2006

Provenance: 1. Luo Zhenyu
2. Si Yuan Tang

高：17cm

RMB: 3,500,000－5,000,000

出版：1. 羅振玉《貞松堂吉金圖》卷上第三頁，民國二十四年（1935 年）。
2. 王獻唐《國史金石志稿》第一八四六頁，青島出版社，2007 年。
3. 陳望衡《獰厲之美——中國青銅藝術》（Chinese Bronzes: Ferocious Beauty）（英文版）封面，亞太圖書（Asiapac Books），2001 年。

著錄：4. 王辰《續殷文存》卷上第七頁十二號，考古學社，民國二十四年（1935 年）。
5. 羅振玉《三代吉金文存》卷二第四頁八號，民國二十六年（1937 年）。
6. 孫稚雛《金文著錄簡目》第十四至十五頁，第零零四四號，1981 年。
7. 嚴一萍《金文總集》第十六頁，第零零四七號，藝文印書館，1983 年。
8.《殷周金文集成》第三冊，第二三三頁，第一零二五號，中國社會科學院考古研究所編，中華書局，1994 年。
9.《金文引得》第一七一頁，第二九五一號，廣西教育出版社，2001 年。
10. 劉雨、沈丁、盧岩、王文亮《商周金文總著錄表》第一六三頁，第一一五零號，中華書局，2008 年。

展覽：11.《青銅聚英——中國古代與鄂爾多斯青銅器》，香港藝術館，1990 年。
12.《中國青銅器萃賞》，新加坡，2000 年。
13.《金木水火土特展》，香港藝術館，2002 至 2006 年。

遞藏：1. 羅振玉收藏。
2. 思源堂收藏。

商晚期　青銅光鼎

左上為台北故宮博物院藏商代中期叔方彝，右上為台北故宮博物院藏商代晚期析子孫父乙扁足鼎，右為清宮舊藏西周晚期頌鼎，表面經燙蠟法處理

商晚期 青銅龍紋觥

青銅龍紋觥鑄造細節

871

商晚期・青銅龍紋觥

說明：青銅觥出現於商代晚期，沿用至西周早期。因其流行時間很短，故而存世數量極少。

北宋宣和年間王黼的《博古圖》是最早記載此類青銅器的史籍。學術界普遍將青銅觥歸為古代酒器一類，但其具體功能為為飲酒器還是盛酒器尚一直未有定論。在整個青銅器類別中，青銅觥是一類比較特殊的青銅禮器，它一經出現，器形和紋飾各方面就相當完善，特別是獸形青銅觥，以其設計獨特，器形精美，製作考究，深受上層王室的喜愛，多被運用於祭祀大典或用於王室貴族的陪葬，等級頗高。從已知的考古資料顯示，青銅觥只出現於少數大型高等級墓葬中，例如殷墟婦好墓出現有八件紋飾精美的青銅觥，充分代表了主人高貴顯赫的身份。全世界目前已知的青銅觥存世量較少，且流散嚴重，很多製作精美的器物多分散藏於國外各個博物館、美術館中。

此件為橢圓體龍首蓋圈足式，橢圓體，曲口寬流，圈足下承高臺，蓋的前端作長角龍首形，龍首圓眼張口，闊鼻尖牙，鈍角上豎，邊有長耳，龍眼為商代時期典型的“臣”字曰造型。龍身趴伏于蓋面之上，兩爪分部于兩側，龍尾盤曲勾回。獸首鋬，首作卷鼻牛頭狀。此觥通體表面形態古韻斑斕，瑩潤古樸。龍首刻畫沉穩生動，極附遠古神秘氣息，當為商代晚期高等級貴族所享之稀有彝器。陝西寶雞戴家灣發現的“告田觥”可作參照。

此件通體紅褐色包漿，沉穩細膩，是經表面除鏽拋光燙蠟等工藝呈現的效果。清宮舊藏青銅器，多由清宮造辦處清洗拔鏽打磨，後在周身以蠟燙之，呈暗紅色並有蠟質感，此法便為燙蠟法。據容庚《商周彝器通考》中記載：“乾嘉以前出土之器，磨礱光澤，外敷以蠟。”可以讓青銅器歷經千年而不腐，具有很好的保護作用。清宮舊藏商代中期叔方彝、清宮舊藏商代晚期析子孫父乙扁足鼎和西周晚期頌鼎，皆採用燙蠟法。通過對故宮清代宮廷舊藏的青銅器對比分析，判斷該此青銅觥極有可能為清代宮廷青銅遺物，彌足珍貴。

此件青銅觥具有十分鮮明的商周青銅器范鑄工藝特徵。鋬與器身採用商代晚期常见之分鑄插接工藝鑄造，榫卯結構十分明顯。鋬首內至今仍殘留有商代鑄造時所採用的範土，土質十分堅硬。器腹內仍清晰的可以看到墊片。該器圈足前後有兩個對稱的芯撐孔，是鑄造時為了防止泥芯與範面結合而刻意設計。觥的底部呈現數條橫豎交錯的網紋，其目的當為防止在腹底與圈足拉接處因鑄造應力產生裂紋，進而提高鑄造效率。此類情況在已知商周青銅器中屢有出現。該器底部保存有原始狀態，且並未採用燙蠟法處理，這也從另一個側面使我們瞭解了清代宮廷造辦處處理商周青銅古物的具體方法。

LATE SHANG DYNASTY A BRONZE LIBATION VESSEL WITH DRAGON PATTERN, *GONG*

帶座高：27cm　高：20cm

RMB: 1,800,000—2,800,000

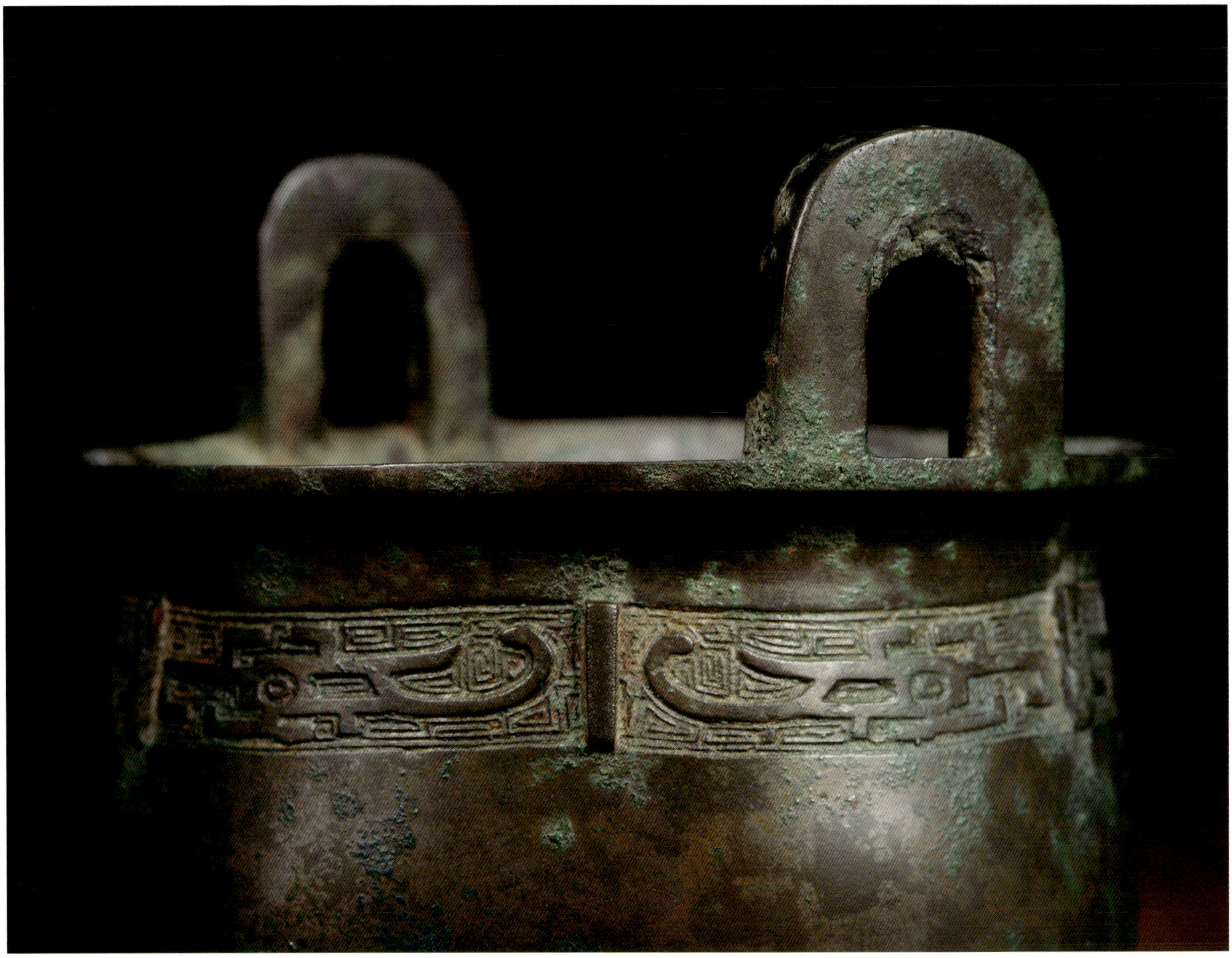

872

西周早期・青銅獸目交連紋鬲鼎

說明：鬲鼎俗稱分襠鼎，是鼎和鬲的混合體，上部似鼎，下腹似鬲，但又承一段較長的錐足或柱足，不完全和袋足的鬲相同。商代早期出現鬲鼎，到商晚期發展壯大。西周鬲鼎延續商晚期風格，此件便是一例，敞口束頸，上有對稱立耳，腹部較深，分襠甚淺，直連柱足。柱足上下皆闊，中部略收，為西周早期典型式樣。頸部一周作獸目交連紋，兩兩對稱，輔以雲雷紋地，對稱基線與分割線出有扉棱。獸目交連紋在整個西周時代盛行，為兩獸體變形，共用一目。西周早期，鬲鼎的分襠已十分模糊，器型蛻化，與鼎不分，此件屬鬲鼎的最後形式。

EARLY WESTER ZHOU DYNASTY A TRIPOD BRONZE COOKING VESSEL WITH BEAST PATTERN, *LI-DING*

Literature: Invoice, John Sparks Ltd. of London, April 18, 1960

高：19.6cm

RMB: 250,000—350,000

著錄：英國倫敦約翰斯巴克斯有限公司（JOHN SPARKS Ltd., London）所開購買發票，1960 年 4 月 18 日。

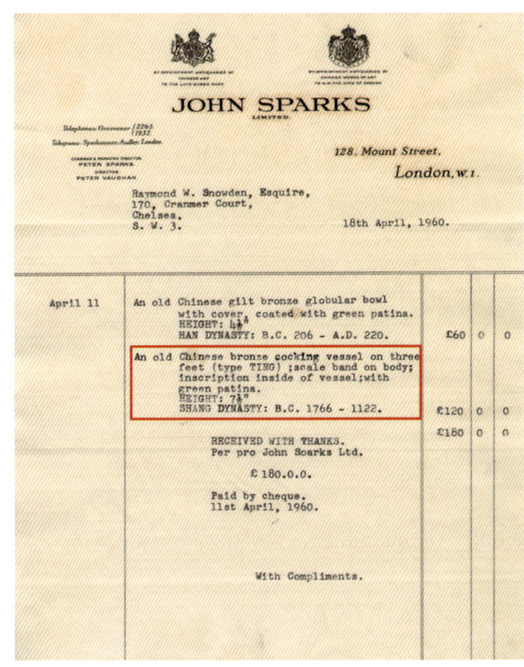

JOHN SPARKS
LIMITED

Telephone: Grosvenor 2265 / 1932
Telegrams: Sparkmoner Audley London

CHAIRMAN & MANAGING DIRECTOR
PETER SPARKS
DIRECTOR
PETER VAUGHAN

128. Mount Street.
London, W.1.

Raymond W. Snowden, Esquire,
170, Cranmer Court,
Chelsea,
S. W. 3.

18th April, 1960.

April 11	An old Chinese gilt bronze globular bowl with cover, coated with green patina. HEIGHT: 4½" HAN DYNASTY: B.C. 206 - A.D. 220.	£60	0	0
	An old Chinese bronze cocking vessel on three feet (type TING) ;scale band on body; inscription inside of vessel;with green patina. HEIGHT: 7¾" SHANG DYNASTY: B.C. 1766 - 1122.	£120	0	0
		£180	0	0

RECEIVED WITH THANKS.
Per pro John Sparks Ltd.

£ 180.0.0.

Paid by cheque.
11st April, 1960.

With Compliments.

873

西周中期・青銅衰鼎

銘文：衰作父癸寶鼎。

說明：此件方唇口，上有對稱立耳，斜壁鼓腹，最大徑低垂，弧底，下承三柱足。柱足外側圓，內側平，為西周垂腹鼎特征。除頸下一條弦紋外，通體無紋飾。在經歷了商末周初繁複紋飾後，西周中期青銅器裝飾趨向簡化，開始注重銘文的鑄刻。器內壁有銘文"衰作父癸寶鼎"，屬繁式祭辭，其中的"衰"是器主銘，"父癸"是被祭祀的對象，這一體例流行於西周早期到西周中期。對比上海博物館藏"十五年趞曹鼎"器型，結合銘文書寫結構，可斷定此件當為西周中期偏早階段。原配紅木底座及蓋，蓋鈕鑲嵌白玉。玉作留皮，巧色雕靈芝一株，下有雙獅嬉戲。鼎內貼附舊簽條，墨書寫"周衰鼎"。

MID-WESTERN ZHOU DYNASTY A TRIPOD BRONZE 'SHUAI' RITUAL VESSEL WITH HANDLES, *DING*, AND A MAHOGANY STAND AND A COVER WITH A WHITE JADE 'LION' FINIAL

帶蓋座高：32cm　高：21.3cm

RMB: 180,000－280,000

874

西周早期・青銅子刀尊

銘文：子刀。

說明：尊與彝原是成組禮器的共稱，宋代之後開始專指大中型盛酒器。青銅尊主要流行於商周時期，春秋後期偶有所見。商早中期，以圓體尊為主，鼓腹折肩，圈足上多帶開孔。商晚期至西周早期有方尊和觚形尊。方尊與圓體類似，折肩上多圓雕獸頭數個；觚形尊又稱大口筒形尊，形似青銅觚，只是體較粗。此件青銅尊即是觚形尊典型器。敞口，頸部光素，近腹部處有兩條弦紋。腹部扁而鼓，浮雕獸面紋。圈足外撇，其上亦有雲雷紋組成的獸面紋帶。圈足內有銘文“子刀”，為陽文字體，較為少見。由器型及銘文推斷，屬西周早期器。

EARLY WESTERN ZHOU DYNASTY A RITUAL BRONZE 'ZI DAO' VESSEL WITH BEAST PATTERN, *ZUN*

高：26.2cm

RMB: 400,000－600,000

875

青銅獸面紋鉦

說明：配紅木座架。

A BELL-SHAPED BRONZE MUSICAL INSTRUMENT WITH BEAST PATTERN, *ZHENG*, AND A MAHOGANY STAND

帶座高：66cm　高：43.5cm

RMB: 350,000—500,000

此種重器　其足羽翼經史
更在毛公諸鼎之上
王國維《觀堂集林　兮甲盤跋》

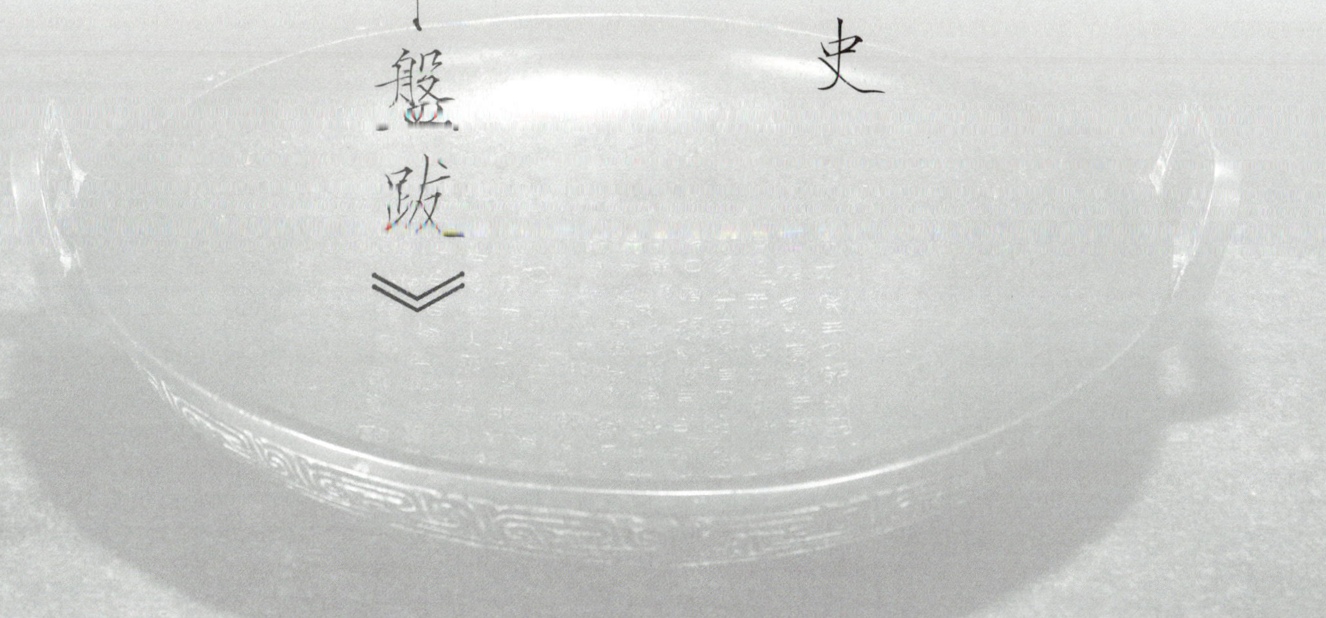

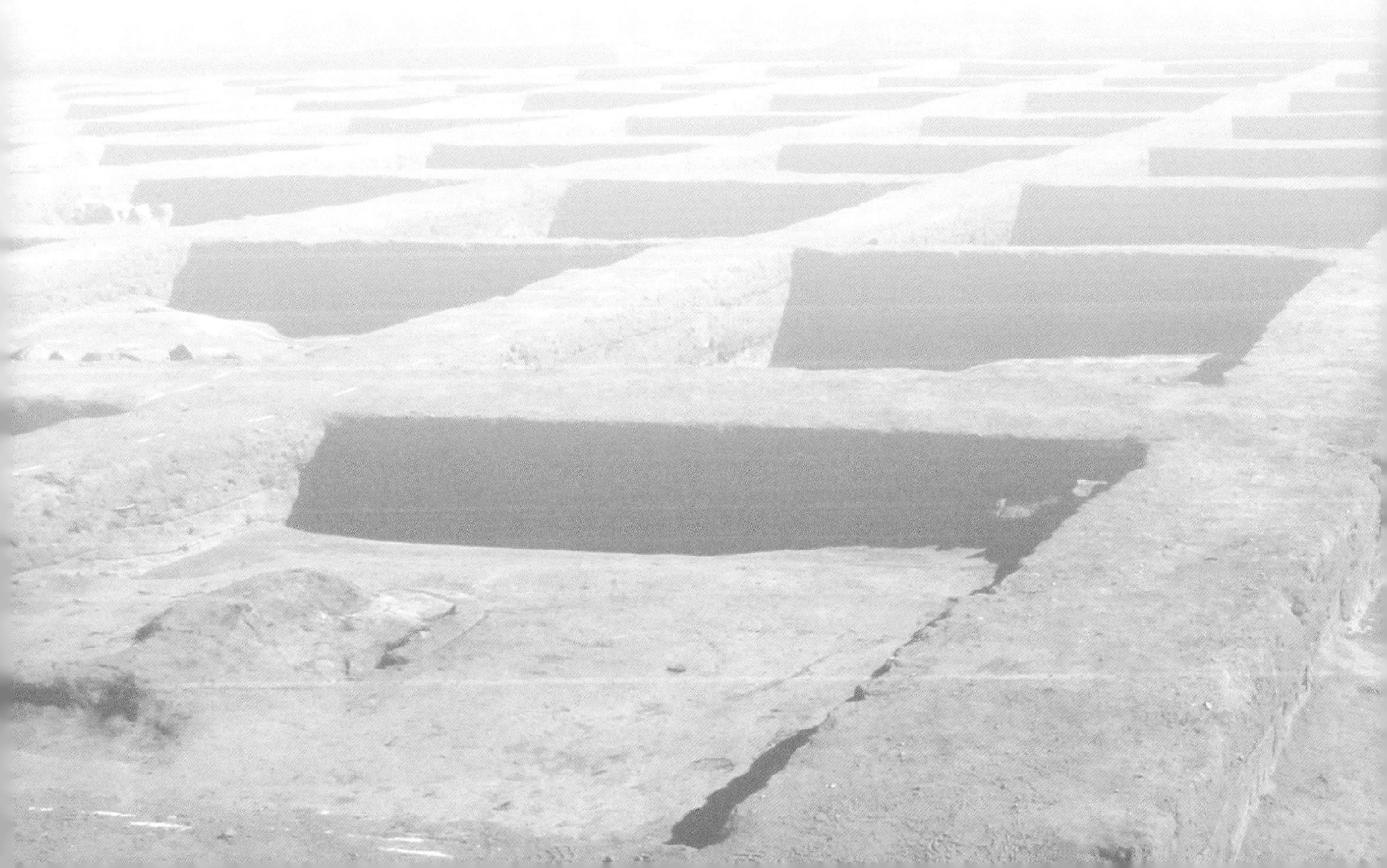

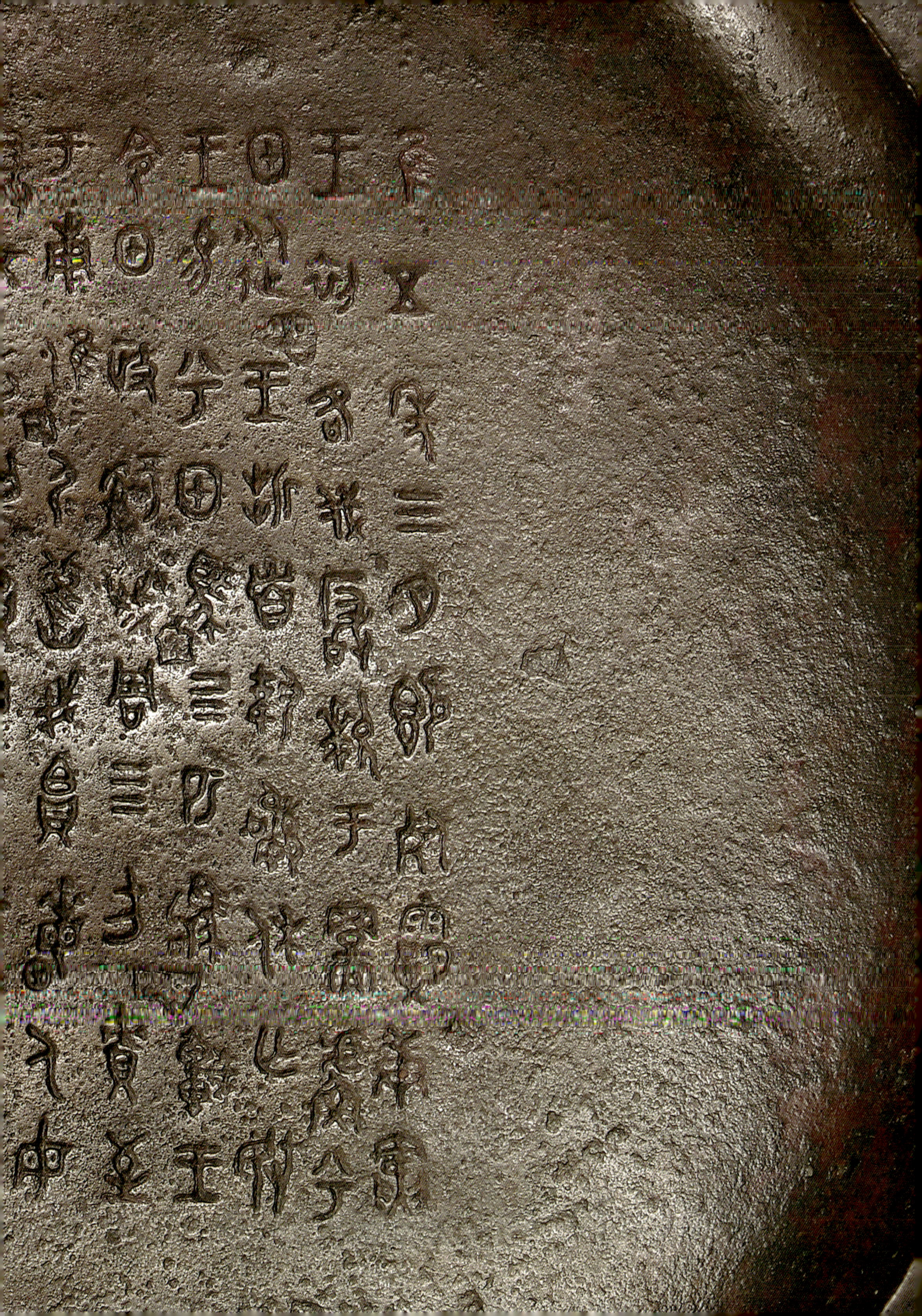

兮甲盤盤底

隹（惟）五年三月既死霸庚寅，
王初各（格）伐厰埶（玁狁）于啚盧。兮
甲從王，折首執噝（訊），休，亡敃（湣）。
王易（賜）兮甲馬三匹、駒車，王
令甲政（征）嗣（治）成周三方賁（積），至
於南淮尸（夷）。淮尸（夷）舊我員（帛）晦（賄）人，毋（毋）
敢不出其員（帛）、其賁（積）、其進人，
其賓（賈）毋（毋）敢不即餗（次）即㞢（市）。敢
不用令（命），𠟭（則）即井（刑），撲（撲）伐。其隹（唯）
我者（諸）侯、百生（姓）氒賓（賈），毋（毋）不即
㞢（市），毋敢或入蠻（闌）宄（宄）賓（賈），𠟭（則）亦
井（刑）。兮白（伯）吉父乍（作）般（盤），其釁（眉）壽
萬年無疆，子子孫孫永寶用。

云

趙子昂家智永千文為湯君載借摹易去一百六十五字

鷹廷臣蓄唐雷迅琴乃貞元三年斵

李順父有周伯吉父槃銘一百三十字家人折其足用為餅槃鮮于伯機驗為古物乃以歸之

謝景初師厚知制誥希深之子詩極高豫章黃魯直娶其女自以為從師厚得句法而師厚之姑寔歸梅聖

元陸友仁《研北雜誌》

彝家

商父乙鼎銘曰子父乙

商州師卣銘曰州師錫朋具用作父丁尊彝冊

商父辛彝銘曰父辛[illegible]

周伯吉父槃銘一百三十字行臺李順甫鬻于市家人折其足用為餅爐予見之乃以歸予

周鄦閘鼎蓋銘十八字

漢鏡二一尚方一八花透光

元鮮于樞《困學齋雜錄》

古雖曰周物而商之餘風猶未殄也

周簠　銘二字

簠盛加膳蓋𣪘食用匕之器也今禮圖所載則内方而外圓穴其中以實稻粱又刻木爲之上作龜蓋制作之異乃如是耶以是考之然知禮家之季多出於漢儒臆度非古制也

周伯匜盤　銘四字

古之彝器多有伯作之銘所謂伯者名耶謚耶伯仲之序耶侯伯之爵耶蓋未可執一而論之也是器足與純緣之下皆著饕餮文鏤簡古其爲周物無疑

周伯吉父匜盤　銘一百三十三字

曰維五年三月阬死霸庚寅以年繫月以月繫日也既死霸則如書所謂旁死魄者是也曰從王折首書勳績也曰錫馬駒軒紀君惠也曰敢不用令則即刑載誓詞也伯吉父雖不見於傳記然考其銘識頗有周書誓誥之風豈周家有功之人賜作此器以昭其功耶

周犧尊

是器規橅甚大制作純古其上作兩犧首突起然而起通體飾以雲雷饕餮真周物也自漢儒釋犧爲莎制器者遂空刻以鳳皇之象其形婆娑然曲從臆斷還就其義今觀此器知漢儒爲陋矣

周公命鼎　銘二十五字

南宋張掄《紹興内府古器評》

苐九冊盤 匜 區 鍨

苐一幅

兮田盤

足損

見元人研北雜志宣王時書魯誓事文出保昜官庫

隹唯五秊句三月句既𣏟霸䰟句庚寅句 一行王初各格

伐厰玁玁狁于𩫏上冈下圖𩲡疑𩲡𩲡說文出樂浪潘國句

二字地名句兮 二行

田從王句折首𠭯訊句休亾無敃敃斁句王錫兮田句馬三

四匹句𩤯車句王 三行

令命田政政事也句𩏑司成周三方賫積句至 四行

于南淮𡰥夷句舊我貟員畮人句毋敢不出其貟其賫句其

進人 五行

其賨䝭句毋敢不卽𨻰卽𡴋峙可見古不從山句敢 六行

不用令命句則卽井刑𠪚疑朴撲字周禮司市大刑扑罰伐

句其隹唯 七行

我者諸𥎦百生姓乃䝭句毋不卽 八行

峙句毋敢或入䜌蠻𡨦宄䝭句則大 九行

井刑句兮白伯吉父作𣪘句其𥄳壽 十行

萬年無疆句子子孫孫引𦔻用句

清陳介祺《簠齋藏古冊目并題記》

國家圖書館藏陳介祺兮甲盤拓片

兮田盤未剔本

原器昔藏簠齋今佚

辛酉冬得自湖州[illegible]家

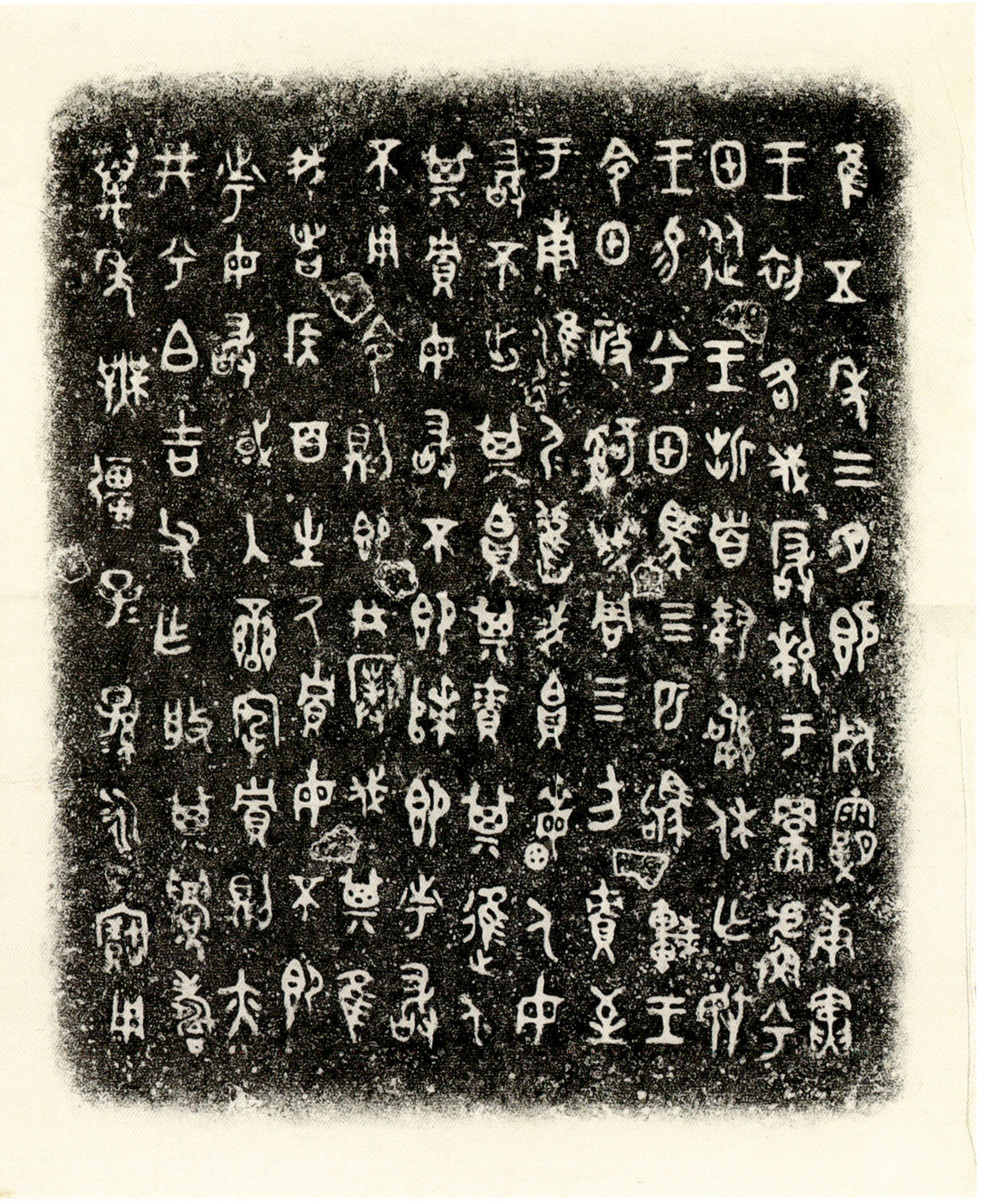

已剔本（字口已清理）

本季 吉金嘉會・金石碑帖專場 第 4491 號拍品，
韓夔龍藏兮甲盤銘拓未剔本及已剔本

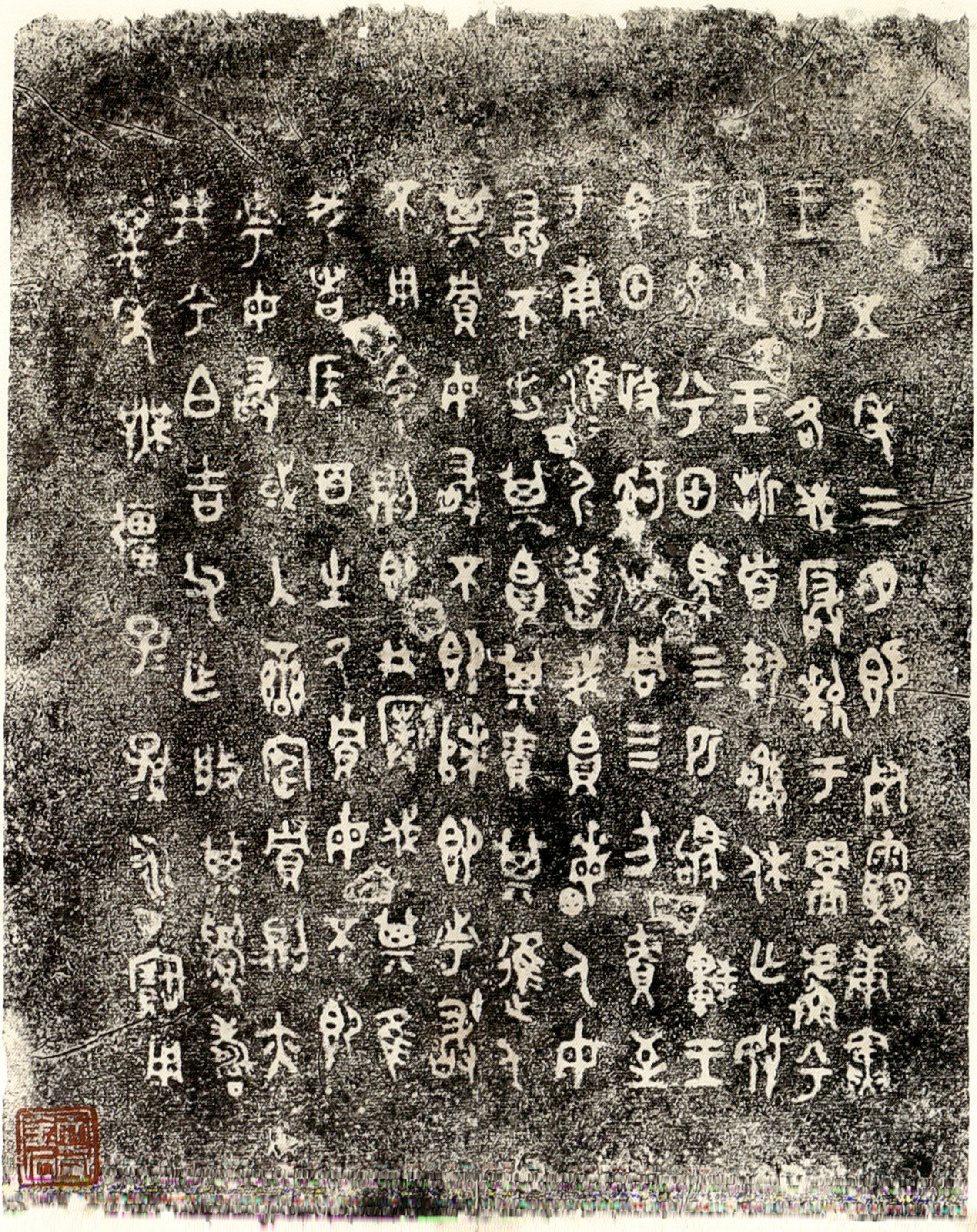

未剔本（字口未清理）

王中與氣象相符。準上以及其他旁證，余得斷定此器必屬于宣世。' 其說可信。文侯之命乃平王時作，不能妄以屬之成王。更以此鼎與獻侯鼎之器形，花紋，字體三者相比，則成王之說可不攻而自破矣。

番生簋蓋（陶齋二：十六）　此與毛公鼎銘相似。

師訇簋　此亦與毛公鼎銘相似。器作于元年二月既望庚寅。

兮甲盤（附圖下八三九）　此器作于五年三月既死霸庚寅。紀格伐玁狁事。兮伯吉父卽詩小雅六月之吉父。

兮吉父簋（古鑑廿七：廿五）　兮吉父卽兮伯吉父。

虢季子白盤（附圖下八四一）　此器作于十二年正月初吉丁亥。銘云'博伐厰執'，與詩小雅六月'薄伐玁狁'合。

召伯虎簋（附圖下三一一）　此器作于五年正月己丑。召伯虎卽詩大雅江漢之召虎。

召伯虎簋二（形狀同前器）　此器作于六年四月甲子。

師嫠簋二器（附圖下三三四）　銘云'宰琱生內右師嫠。' 琱生見于召伯虎簋二器。

鄦叀鼎（附圖下七三）　銘云'司徒南仲右鄦叀內門立中廷'，卽詩小雅出車及大雅常武之南仲。

師寰簋二器（陶齋二：十二）　紀正淮夷事。'淮夷繇我員晦臣'，與兮甲盤'淮夷舊我員晦人，毋敢不出其員'同。

虢季氏子組簋三器（陶齋續上卅五）　與師嫠簋形狀花紋相同，與虢季子白盤乃一家之物。

虢季氏子組壺（附圖下七二九）　與前器爲一人所作。

頌鼎三器（附圖下七一）

頌簋六器（陶齋二：七，又蓋見善齋圖八六）

容庚《商周彝器通考》1941 年版

八三九　兮甲盤

八四〇　魚匜盤

觀堂集林

附别集

觥作兕形尊作犧象形是也湏陽端氏有飛燕角其蓋作燕張翅之狀阮文達公所藏子燮兕觥其器今不可見文達謂如爵而高大又謂其制無雙柱無流同於角有三足同於爵故以毛傳釋為角爵之兕觥當之不知兕觥即今估人所謂虎頭匜阮氏之器則宋以後所謂角也阮氏角蓋作犧形此角蓋作象形蓋古酒器多狀犧象不獨酒尊為然矣壬戌歲不盡四日

兮甲盤跋

此張掄紹興内府古器評所謂伯吉父盤是也元時在鮮于伯幾家今藏濰縣陳氏彝器中紀伐玁狁事者三一合肥劉氏所藏虢季子白盤一上虞羅氏所藏不嬰敦一即此盤也云隹五年三月既死霸庚寅此宣王五年三月廿六日余曩作生霸死霸考考定古者分一月之日為四分自朔至上弦為初吉自上弦至望為既生霸自望至下弦為既望自下弦至晦為既死霸

兮甲盤跋

——錄自《觀堂集林·別集》

王國維

此張掄《紹興內府古器評》所謂“伯吉父盤”是也。元時在鮮于伯幾家，今藏濰縣陳氏。彝器中紀伐玁狁事者三：一合肥劉氏所藏虢季子白盤；一上虞羅氏所藏不嬰敦；一即此盤也。云“隹五年三月既死霸庚寅。”此宣王五年三月廿六日。余曩作《生霸死霸考》，考定古者分一月之日為四分，自朔至上弦為初吉，自上弦至望為既生霸，自望至下弦為既望，自下弦至晦為既死霸。據長術，宣王五年三月乙丑朔廿六日得庚寅，與此盤云“既死霸”合。云“王初各伐厰銧于畗虘”者，“厰銧”虢盤與不嬰敦並作“厰允”，即“玁狁”之本字。“畗虘”，地名。“畗”字雖不可識，然必為从冈畐聲之字。“虘”則古文“魚”字，以聲類求之，畗虘疑即《春秋》之彭衙矣。《周禮·天官》“䱷人”，《釋文》本或作“魰”，䱷、魰同字，知虘、魚亦同字矣。古魚、吾同音，故往往假虘、䱷為“吾”，齊子仲姜鎛云“保虘兄弟，保虘子姓”，即“保吾兄弟，保吾子姓”也，沇兒鍾云“䱷以晏以喜”，即“吾以晏以喜”也；敦煌唐寫本《商書》“魚家旄孫于荒”，日本古寫本《周書》“魚有民有命”，皆假魚為吾；《史記·河渠書》“功無已時兮吾山平”，“吾山”亦即“魚山”也。古魚、吾同音，衙从吾聲，亦讀如吾。“畗虘”與《春秋》之彭衙為對音，畗、彭音相近，虘、衙則同音字也。《史記·秦本紀》“武公元年伐彭戲氏”，《正義》曰“戎號也，蓋同州彭衙故城是也。”虘、戲二字形相近，彭戲蓋彭虘之偽矣。彭衙一地，在漢為左馮翊衙縣，正在洛水東北，玁狁寇周，恒自洛向涇，周人禦之，亦在此間。虢季子白盤云“博伐厰允于洛之陽”，此盤云“工初各伐厰銧于畗虘”，其用兵之地正相合矣。兮田者，人名。田字中縱橫二筆不與其邊相接，與“田”字迥殊，殷虛卜辭有此字，余定為“甲”字。（見余《殷卜辭中所見先公先王考》)。此亦甲字也，甲者，月之始，故其字曰“伯吉父”。吉有始義，古人名月朔為吉月，以月之首八日為初吉，是其證也。甲字吉父，上云“兮甲從王”，下云“兮伯吉父作般”，前對王言，故稱名；後紀自己作器，故稱字也。此“兮伯父”，疑即《詩·小雅·六月》之“吉甫”。《詩》云“文武吉甫，吉甫宴喜。”《大雅》兩云“吉甫作誦”，而不舉其氏，毛公始加“尹”字，蓋尹其官、兮其氏也。今本《竹書紀年》繫六月尹吉甫伐玁狁事於宣王五年，不知何據。此盤所紀，亦宣王五年三月事，而云“王初各伐”，蓋用兵之始，未能得志。下云“王命甲政𤔲成周四方責至於南淮夷”，責讀為委積之積，蓋命甲徵成周及東諸侯之委積，正為六月大舉計也。此盤當作於三月之後、六月之前，吉甫奉使成周之時。其“淮夷舊我員畮人”以下，乃告淮夷及東方諸侯百姓之辭，字雖不可盡識，而大意可知，其文法亦與《周書·費誓》相同，此種重器，其足羽翼經史，更在毛公諸鼎之上。余既考其事入《玁狁考》中，更錄舊文，并補舊考所未備者書於此拓之下。辛酉季冬除夕前五日。

兮甲盤

与此毁借僕為附例同。古籀餘論三·廿二。王國維亦有此說，云「敦者字之誤」，見「毛公鼎銘考釋」是也。

兮甲盤

隹五年三月既死霸庚寅，王初各略伐𤞷𤞤玁狁于𠪚盧。兮甲從王，折首執訊，休，亡敃。王易錫兮甲馬三匹、駒車。王令甲政征𤔲治成周三方責積，至于南淮夷。淮夷舊我員畮賄人，母毋敢不出其員、其責。其進人、其賈，母毋敢不即𠂤次即市，敢不用令命，則即井刑撲伐。其隹我者侯諸侯百生姓，氒賈母毋不即市，母毋敢或有入𢓊蠻宄賈，則亦井刑。兮白吉父乍般盤，其眉壽萬年無疆，子子孫孫永寶用。

容庚云「鮮于樞困學齋雜錄『周伯吉父盤銘一百三十字，行台李順甫鬻于市，家人折其足，用為餅𬬻，余見之，乃以歸予』。此元代所著錄彝器之僅存者。陸友仁研北雜志亦記之。」

兮伯吉父即小雅六月之「文武吉甫」，伯吉父其字，甲其名，兮其氏，舊亦稱尹吉甫，則尹其官也。名甲字吉父者，王國維云「甲者日之始，故其字曰伯吉父。吉有始義，古人名月朔為月吉，以月之首八日為初吉，是其証也。」（觀堂別集補遺「兮甲盤跋」）。𠪚盧，王國維釋為彭衙，在漢為左馮翊衙縣，故城在今陝西白水縣東北。責即責字，王云「讀為委積之積，蓋命甲徵成周及東諸侯之委積」，正為六月大舉計也。員與㠱伯毀之員為一字，余意即貝布之布之本字。畮當讀為賄，一切經音義四「賄古文賄同」。正從每聲，儀禮聘禮記「賄在聘于賄」注云「古文賄皆作悔」。知賄與悔通，則知畮與賄通矣。布帛曰賄，故此員畮連文。「員畮人」者猶言賦貢之臣也。下師寰毀正云「淮夷繇我員畮臣」。「其進人」者力役之征也，与「即𠂤」相照應。「其賈」者關市之征也，与「即市」相照應。淮夷有力役之征，而諸侯百姓則僅有關市之征，此可見待遇之有差別。諸侯百姓亦有為避免征稅而逃入蠻方者，所謂「入𢓊宄賈」是也。

召伯虎毀其二

隹六年三月甲子，王才在莽，召白虎告曰「余告慶」。曰：「公厥稟貝，用獄諫為白伯，又有祇又有成，亦我考幽白幽姜令命。余告慶，余以邑訊有嗣，余典勿敢封。今余既訊有嗣，曰：厦令命。今余既一名典，獻白氏。」白氏則報璧琱生。對揚朕宗君其休，用乍朕刺烈且祖召公嘗毀，其萬年子子孫

兮甲盤

——錄自《兩周金文辭大系圖錄考釋》

郭沫若

隹五年三月既死霸庚寅，王初各（略）伐厥𤞤（玁狁）于啚 㿥（余吾）。兮甲從王，折首執嚇（訊），休亡敃（泯）。王易（錫）兮甲馬四匹、駒車（車）。王令甲政（征）𤔲（治）成周四方賫（積）。至于南淮尸（夷）。淮尸（夷）舊我員晦（賄）人，母（毋）敢不出其員、其賫。其進人、其貯，母（毋）敢不即餗（次）即岑（市），敢不用令（命），劓即井（刑）撲（撲）伐。其隹我者矦（諸侯）、百生（姓），氒貯，母（毋）不即岑（市），母（毋）敢或（有）入䜌（蠻）妄（宄）貯，劓亦井（刑）。兮伯吉父作般（盤），其釁壽萬季無疆，子子孫孫永寶用。

（注：容庚云：鮮于樞困學齋雜錄“周伯吉父盤銘一百三十字，行台李順甫鬻於市，家人折其足，用為餅爐。余見之，乃以歸予”。此元代所著錄彝器之僅存者。陸友仁研北雜誌亦記之。）

兮伯吉父即《小雅·六月》之“文武吉甫”，伯吉父其字，甲其名，兮其氏，舊亦稱尹吉甫，則尹其官也。名甲字吉父者，王國維云：“甲者日之始，故其字曰伯吉父。吉有始義，古人名月朔為月吉，以月之首八日為初吉，是其證也”。(《觀堂別集補遺》《兮甲盤跋》)

“啚㿥”，王國維釋為彭衙，在漢為左馮翊衙縣，故城在今陝西白水縣東北。“賫”即責字，王云：“讀為委積之積，蓋命甲徵成周及東諸侯之委積，正為六月大舉計也”。“員”與𦍒伯簋之“員”為一字，余意即“貝布”之“布”之本字。“晦”當讀為賄，一切經音義四：“‘賄’,古文‘䀲’同”,正從每聲。《儀禮·聘禮記》“賄在聘于賄”,注云：“古文‘賄’皆作‘悔’”。知“賄”與“悔”通,則知“晦”與“賄”通矣。布帛曰“賄”,故此“員晦”連文。“員晦人”者猶言賦貢之臣也。下師寰簋正云：“淮夷繇我員晦臣”。“其進人”者，力役之征也,與“即餗”相照應。“其貯”者，關市之征也，與“即市”相照應。淮夷有力役之征，而諸侯百姓則僅有關市之征，此可見待遇之有差別。諸侯百姓亦有為避免征稅而逃入蠻方者，所謂“入䜌妄貯”是也。

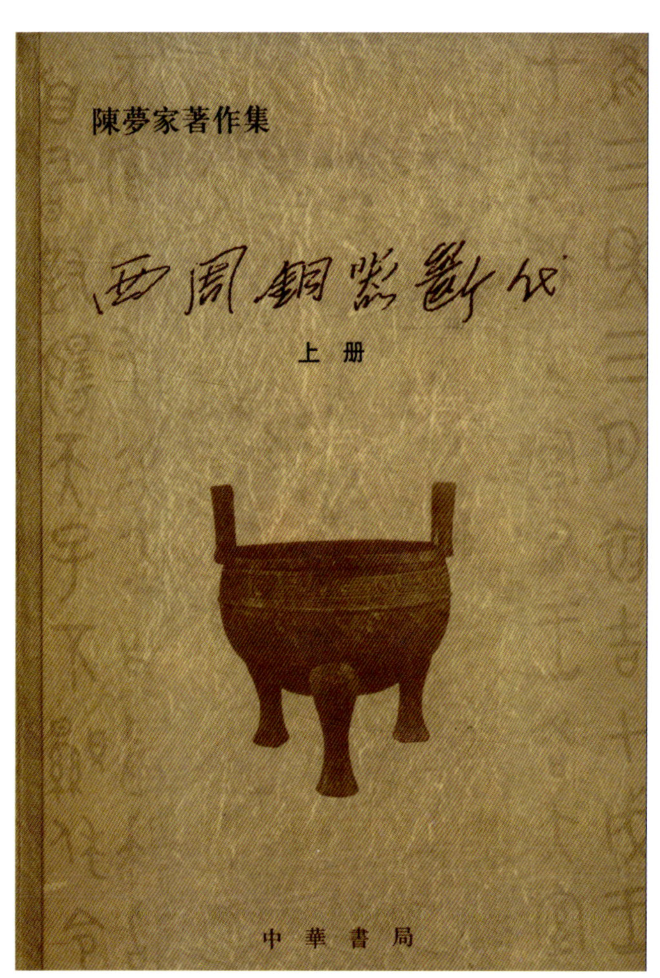

213. 兮甲盤

B. 商周839

A. 三代17、20、1

兮甲盤

—— 錄自《西周銅器斷代》

陳夢家

兮甲盤

圖像　商周 839

銘文　三代 17.20，大系錄 134

隹五年三月既死霸庚寅，/ 王初各伐厰𤞷于𠷎 𢊁，兮 / 甲從王，折首執訊，休亾敃。/ 王易兮甲馬四匹，駒車。王 / 令"甲，政𤔲成周、四方責，至 / 于南淮尸。淮尸舊我實晦人，毋 / 敢不出其貟、其責；其進人、/ 其貯，毋敢不即𫳅即𡴈；敢 / 不用令，𠟭即井𠟭伐。其隹 / 我者侯百生，氏貯毋不即 / 𡴈；毋敢或入䜌宄貯，則亦 / 井"。兮白吉父乍般其眉壽 / 萬年無疆，子子孫孫永寶用。

銘 13 行 133 字（內重文 4）。

此器宋代出土，見錄于張掄紹興內府古器評卷下，稱為"周伯吉父匜盤，銘一百三十三字"，所引"惟五年三月既死霸庚寅""從王""錫馬駒軒""敢不用命則即刑"，皆見于此銘。元代陸友研北雜志曰"李順父有周伯吉父槃一百三十字，家人折其足，用為餅槃。鮮于伯機（樞）驗為古物，乃以歸之"。攈古錄云"直隸清河道庫藏器，山東濰縣陳氏得之都市"。綴遺 7.9 云"見元人研北雜志，後入保定官庫，今為陳壽卿（介祺）編修所藏"。攈古錄金文 3.2.67–70 引"陳壽卿說：三足並座俱缺，即（鮮于樞）困學齋器也"。商周 839 所錄圖象，是陳氏原物，既折損圈足，盤心似有長道裂紋。今不知所在。日本東京書道博物館有一器，徑 42.7 釐米，器物完整而銘文不同（白川靜金文集 366），乃是偽刻。小校 9.83 所錄一偽銘（小校 9.84 是真銘），不知與書道是否一器。

作器者兮甲之甲舊釋作田，王國維因卜辭先公"上甲"之甲與此同作，"字中從橫二筆不與其邊想接，與田迥異"，改正為甲字；又曰"甲者月之始，故其字曰伯吉父。吉有始義，古人名月朔為吉月，以月之首八日為初吉，是其證也"（觀堂別補 14）。近時藍田出土師察簋（本書 147），甲戌之甲亦作此形。

各伐即格伐。後漢書陳寵傳注引"說文曰格，擊也"，今本在挌下，從手；後世格殺亦從木。各或假作略（攈古 3.2.69 翁祖庚說）。方言二"挌，略，求也。秦晉之間曰挌，就室曰挌，于道曰略，略，強取也"。左傳宣十五"晉侯治兵于稷以略狄土"，成十二"略其武夫"，隱五"吾將略地焉"。玁狁作厰𤞷，與虢季子白盤同，詳不𡢁簋。𠷎 𢊁，地名，疑是徐吾、余吾或余無的對音。竹書紀年文丁"四年周人伐余無之戎"，左傳成公元年"遂伐茅戎，三月癸未敗績于徐吾氏"，正義云"敗于徐吾之地也"；史記匈奴傳有余吾水，漢書地理志上黨郡有余吾縣。太原郡"榆次，涂水鄉晉大夫知徐吾邑"，今榆次縣西。亡敃見師望鼎、大克鼎、梁其鍾和虢叔旅鍾（大系 63，本書 185、191，大系 118–119）。說文"敃，彊也"，廣雅釋詁"愍，亂也"，亡敃當釋為無亂。金文四匹皆合書，此分書為一字。

此般銘所記二事，前四行記五年三月兮甲從王伐玁狁，有所賞賜。四行以下記王命兮甲政司成周與四方之積，"王令"至"亦井"乃周王命之命。四方、四夷對中國諸侯而言，故此銘所述亦以南淮尸貢畮人與我諸侯百姓分別對待。

方濬益曰"周禮大司徒歲終則令教官正治而致事。政𤔲猶言正治"（綴遺 7.9）。周禮小宰"一曰聽政役以比居"注"玄謂政謂賦也，凡其字或作政，或作正，或作征，以多言之宜從政，如孟子交征利云"。𤔲從𤔔與司字稍異。周禮大司徒曰"大賓客令野修道委積"鄭注云"少曰委，多曰積，皆所以給賓客"。周禮遺人曰"掌邦之委積……。凡國野之道，十里有廬，廬有飲食；三十里有宿，宿有路室，路室有委；五十里有市，市有候館，候館有積”。左傳僖公三十三年“居則具一日之積”注云“積、芻米禾薪”，周禮宰夫注“委積謂牢米薪芻給賓客道用也”。方濬益、孫詒讓、王國維均釋責為委積之積。但委積可以合稱，可以分舉。周禮委人曰“掌斂野之賦斂薪芻”，則積應除去薪芻而為牢米之賦。

“淮夷舊我負畮人”，亦見于師寰簋（大系 135），惟舊作繇，人作臣。負畮人（或臣）是出負、出積之人，猶言賦貢之臣。歸芻簋曰“王命益公征眉敚。……二月眉敚至□，獻貴”（本書 196），貴、負一字，乃布帛之賦，積是牢米之賦。銘云“毋敢不出其帛、其積”，主詞是淮夷，動詞是出（即繳納），賓詞是帛與積，“其”是領格代名詞（即淮夷的）。此是一種讀法。另作一種讀法，則以“出”包括其下四個其，即“毋敢不出其帛、其積、其進人、其貯……”。今取前說。

市作岑，從孫詒讓所釋（餘論 3.36）。卜辭（甲編 2827）師字，所從之市與此相近。漢金文與印璽文市字，均與此相近，故知是市字。

師從自從朿，金文秭所從之朿，與此同。甲骨文編、金文編隸此于卷十四自部，作𠂤朿，謂假為次。說文卷七𠂤部有𩊚字，許慎曰“從𠂤，次、𠂤皆聲”，可證𠂤、次音同。左傳莊公三年曰“凡師一宿為舍，再宿為信，過信為次”，是次是師戍之地。但官吏治事之處，亦通謂之次。周禮司市“以次敘分地而經市”注云“次謂吏所治舍，思次、介次也，若今市亭然”。宮正注云“次，諸吏直宿若今部署諸廬者舍其所居寺”。周禮遺人以三十里為宿，五十里為市，則市與次是相類的官家旅宿、治事的聚點。次與市又都是市的治事之處，周禮司市有思次、介次，孫詒讓正義曰“思次為市官總治之所，介次為分治之所”。銘云“其進人、其貯，毋敢不即𠂤朿（次）即市”“厥貯毋不即市”，是進人于師次或介次貯貨賄于市，以斂稅賦。“其進人、其貯”之進與貯皆是動詞，說文曰“進，登也”。

進人于次可有兩種解釋。（1）進人或如卜辭的“登人”，次為師次之次，如此可以解為力役之征。（2）進人或進入奴隸，次為介次，如此則“其進人毋敢不即次”與“其貯毋敢不即市”可以解為買賣奴婢于次，貯藏貨物于市。周禮質人曰“掌成市之貨賄：人民、牛馬、兵器、珍異”，注云“人民，奴婢也”；又曰“大市以質小市以劑”，注云“大市，人民、牛馬之屬用長券；小市，兵器、珍異之物用短券”。進人與貯物，正好是大市、小市（即次與市）之別。

“敢不用令，則井撲伐”與“毋敢或入蠻宄貯，則亦井”，此二井字即刑罰、市刑之刑。周禮司市曰“市刑：小刑憲罰，中刑徇罰，大刑撲罰”注云“撲，撻也”，撲罰猶胥云“撻罰”，注云“撻，撲也”。周禮司市屬官胥“凡有罪者，撻戮而罰之”。廣雅釋詁三“撲……伐……撻……擊也”，說文曰“伐，擊也”，廣雅釋詁四曰“罰，伐也”。此銘的撻伐疑假作撲伐、撲罰。撲罰為市刑之大者，施于南淮夷之不用市令者；諸侯百姓之不用市令者則亦刑，當指小、中刑而言。此可見西周時代對於市刑有華夷之別。據此銘所規定，則對南淮夷所征收者為布縷（帛）之征，粟米（積）之征，力役（進人）之征與關市（貯）之征；對中國諸侯百姓所征收僅為關市之征。孟子盡心篇下曰“有布縷之征，粟米之征，力役之征，君子用其一緩其二，用其二而民有殍，用其三而父子離”。西周對于四夷的征賦，用其三，可謂苛稅。

此銘對于中國諸侯百姓規定，凡貯必即于市，不得入于蠻宄貯，則市是中國之市。蠻作䜌，與虢季子白盤“蠻方”同作。宄從𡯁，說文曰“宄，姦也”，古文作𡯁。頌鼎“成周貯”“新造貯”（本書 192），善夫山鼎“乍憲司貯”（本書 198），皆是中國之貯，蠻宄貯當是蠻夷之貯。貯是貯藏貨物的市廛，詳頌鼎，故貨物亦可以名貯，如此銘“其貯”、“厥貯”之貯。周禮司市曰“大市日昃而市，百族為主；朝市朝時而市，商賈為主，夕市夕時而市，販夫販婦為主”。注引“鄭司農云百族，百姓也”。此銘“其隹我者侯百姓，厥貯毋不即市，毋敢或入蠻宄貯，則亦刑”，百姓即周禮之百族，市于大市而不得入于蠻宄之市廛，否則亦受市刑。諸侯百姓有入于蠻宄貯者。則此諸侯乃與夷族雜居或鄰居的中國諸侯，如南國的申伯。

此器自銘為般而張掄稱為“匜盤”，乃受博古圖的影響。博古圖21.12著錄“周楚姬匜盤”，因先見匜，復見盤“正一時物也，故名之為匜盤”。定名是有錯誤的。

此銘王稱作器者為“兮甲”，而作器者自稱為“兮白吉父”，甲是名而吉父是字。兮白吉父所作器，除宋代出土一盤外，清代先後出土以下二器：

（1）兮吉父乍中姜寶尊簋　西清27.25，錄遺155（今在故宮）

（2）兮白吉父盨蓋　巖窟1.18（今在故宮）

後者據陝西通志金石志云“道光戊戌（1838年）寶雞縣出土。此二器作糾目帶，與頌簋（美集錄A245），圅皇父大鼎（本書177）等相同。

毛詩序曰：“六月，宣王北伐也”，詩有“薄伐玁狁，至于太原，文武吉甫，萬邦為憲”之語，則吉甫為六月北伐玁狁之將，此器所述則為三月略伐厰允于嚣盧，并不相符合。後漢書西羌傳所引紀年宣王既立四年使秦仲伐戎，今本紀年據此以為尹吉甫之伐玁狁亦在宣王五年。王國維生霸死霸考曰“兮白吉父盤云惟五年三月既死霸庚寅，此器有伯吉父之名，有伐玁狁之事，當即詩六月之文武吉甫所作，必是宣王時器，而宣王五年三月乙丑朔，二十六日得庚寅”。亦見兮甲盤跋並說三月“王命甲徵成周及東周諸侯委積，正為六月大舉計也”。

後漢書西羌傳述“（穆）王乃西征犬戎，獲其五王。……王遂遷戎于太原”。夷王時“伐太原之戎，至于俞泉，獲馬千匹。（厲）王命伐戎，不克”，至宣王五年秦仲“為戎所殺”，其子莊公“伐戎破之”，四十年“王征申戎，破之”，三十二、三十七、三十九年諸役皆敗于戎，幽王四年又敗于六濟之戎。注云“並見竹書紀年”。此盤所記五年王初略伐厰允應在宣王五年。

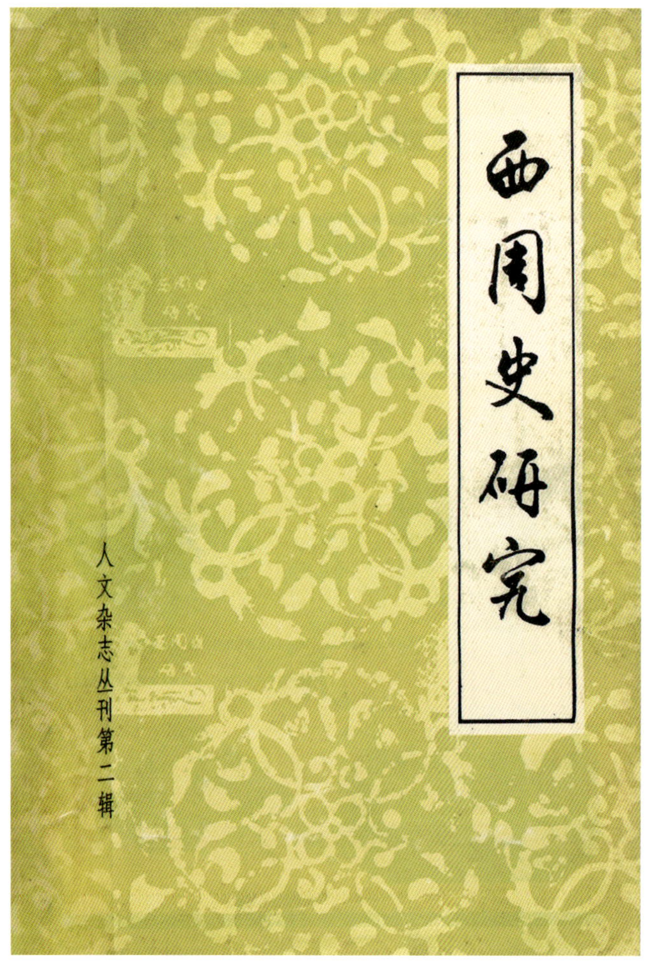

兮甲盘与驹父盨

——论西周末年周朝与淮夷的关系

李学勤

江汉浮浮，武夫滔滔，匪安匪游，淮夷来求。既出我车，既设我旟，匪安匪舒，淮夷来铺。

这是《诗·大雅》所收《江汉》篇的首章。《江汉》一诗，《诗序》云周宣王时大臣尹吉甫所作，描绘了宣王命召穆公征伐淮夷的事迹。同属《荡之什》的《常武》篇，也歌咏伐淮夷一事，《诗序》云召穆公所作，难得它们都能保存下来。对淮夷的战争是所谓宣王中兴的大事之一，但《史记》竟没有什么记载，我们对其经过的知识主要是通过《诗》获得的。

青铜器著录中有著名的兮甲盘（《三代》17，20，1），前人已考定作器者兮伯吉父即尹吉甫，其铭文讲到南淮夷。1974年陕西武功县回龙出土驹父盨（以下用～代）①，铭文也涉及南淮夷，并有南仲人名，与《常武》相合。以两铭和《诗》篇对照，不仅可以补充宣王南征淮夷的史事，更能借以推求这次战争的历史背景，以及当时周朝同淮夷的政治、经济关系。本文试就这方面几个

兮甲盤與駒父盨

——論西周末年周朝與淮夷的關係（節錄）

李學勤

“江漢浮浮，武夫滔滔，匪安匪游，淮夷來求。既出我車，既設我旟，匪安匪舒，淮夷來鋪。”

這是《詩・大雅》所收《江漢》篇的首章。《江漢》一詩，《詩序》雲周宣王時大臣尹吉甫所作，描繪了宣王命召穆公征伐淮夷的事跡。同屬《蕩之什》的《常武》篇，也歌詠伐淮夷一事，《詩序》雲召穆公所作，難得它們都能保存下來。對淮夷的戰爭是所謂宣王中興的大事之一，但《史記》竟沒有什麽記載，我們對其經過的知識主要是通過《詩》獲得的。

青銅器著錄中有著名的兮甲盤（《三代》17，20，1），前人已考定作器者兮伯吉父即尹吉甫，其銘文講到南淮夷。1974 年陝西武功縣回龍出土駒父盨，銘文也涉及南淮夷，並有南仲人名，與《常武》相合。以兩銘和《詩》篇對照，不僅可以補苴宣王南征淮夷的史事，更能借以推求這次戰爭的背景，以及當時周朝同淮夷的政治、經濟關係。本文試就這方面幾個問題，作探索性的討論。

一　從兮甲盤談起

兮甲盤出土於宋代，其形為淺腹附耳，圈足殘去，照片見《商周彝器通考》839，現不知收藏所在。銘文寫定如下：

“惟五年三月既死霸庚寅，王初格伐𤞤狁於啚 慮，兮甲從王，折首執訊，休，亡敃，王錫兮甲馬四匹、駒車。王令甲政𤔲成周四方責，至於南淮夷。淮夷舊我𧶠畮人，毋敢不出其貟、其責、其進人，其賈毋敢不即𠂤即市。敢不用令，則即井𢻫伐。其惟我諸侯百姓，厥賈毋不即市，毋敢或入䜌宄貯，則亦井。兮伯吉父作盤，其眉壽萬年無疆，子子孫孫永寶用。”

此銘經過許多學者考釋，內容逐漸明白，而楊樹達先生所作研究最為精辟。我們只能在楊說的基礎上，作幾點補充。

“五年”指宣王五年，公元前 823 年。按秦仲為戎人所殺，事在宣王四年，或說六年，時間和兮甲盤最為接近。事後，宣王命秦仲之子莊公等五人伐西戎，破之。西戎即𤞤狁，秦莊公名其，即不其簋的作器者。兮甲盤記宣王初伐𤞤狁，不其簋載伐𤞤狁於高陶，都是宣王即位之初和𤞤狁交鋒的紀錄，應在《詩・六月》所述尹吉甫大規模征伐𤞤狁以前。

盤銘說兮伯吉父“政𤔲”成周的四方積，楊氏讀後一字為“嬖”，是正確的。政、嬖都訓為治。“責”，前人都讀為“積”。《史記・周本紀》說，周公營築成周，云：“此天下之中，四方人貢道裏均。”周人認為成周位於四方的中心，這一觀念見於《尚書》等文獻，也由何尊的發現證實了。成周為天下之中，這是地理意義的，也是政治意義的，因為成周是東都，是周朝向四方徵取貢納的中心，四方入貢的財物都要輸送到那裏，道裏均等。兮甲盤銘所說“成周四方積”，“積”據《禮記・儒行》疏為“積聚財物”，就是指四方的貢物而言。

這裏應該說明，古代貢與賦是兩個不同的範疇。例如在《尚書・禹貢》中，貢、賦的區別就很明確。南宋學者王炎已經指出：“凡賦，諸侯以供其國用者也；凡貢，諸侯以獻其天子者也。”王朝向諸侯或受王朝統治的少數民族徵取的財物，是貢而不能稱為賦。

宣王命兮伯吉父管理成周四方積，包括南淮夷在內，故雲“至於南淮夷”。由盤銘重文看，南淮夷即淮夷，當由其在南國，故稱為南淮夷，不能認為南夷、淮夷合稱或淮夷的一部分。

關於淮夷向周朝負擔怎樣的貢納義務，盤銘有詳細說明。銘文說："淮夷舊我負晦人"，而師寰簋說："淮夷繇我負晦臣"，兩語自為一義。"負"，楊樹達先生讀為"帛"；"晦"，《大系》讀為賄，並引《周禮·大宰》注："布帛曰賄"，都是正確的。所謂"舊我帛賄人"是說淮夷久為周朝入貢布帛的臣民。

以下兩句，楊氏讀為"毋敢不出其帛其積，其進人其貯"，以為兩句後面"其"字都與"之"字同義，這樣"其進人其貯"就無法解釋了。帛、積、進人應當是並列的三項。"積"在此處是狹義的。即古書的"委積"。孫詒讓註解《周禮·大司徒》，指出"凡儲聚禾米薪芻之屬，通謂之委積"，"蓋積本為露積之名，總言之凡倉廥之屬亦稱積"。雲夢秦簡《倉律》規定禾萬石一積，而在櫟陽二萬石一積，在咸陽十萬石一積；芻槁也是萬石一積，在咸陽二萬石一積，"積"的涵義與孫說一致。"進人"的"進"，楊氏已說明是"納人"的意思，所以"進人"即向王朝貢納的供服役的人。

由此可見，淮夷雖然主要是入貢布帛，同時也要向周朝輸送糧草和人眾，後者的身分可能就是奴隸。周朝對淮夷徵取的苛重，於此不難想見。

盤銘繼續說："其賈毋敢不即𠂤即市"，是對淮夷的又一嚴格限制。孫詒讓考釋這件盤，已經釋出"市"字。這一句必須參讀《周禮·司市》，才能通曉。《司市》云："掌市之治教政刑、量度禁令，以次敘分地而經市。"注："次，謂吏所治舍，思次、介次也，若今市亭然。""次"（盤銘作"𠂤"）是管理市場的機構。因此，盤銘是講淮夷的賈人到規定的市場上去，這是控制淮夷和內地交易的具體措施。銘文還說到周人方面的諸侯百姓，其賈人也必須到市場上去，"毋敢或入蠻宄賈"。"入蠻"即闌入，指亂入市場；"宄賈"的"宄"訓為姦，指非法交易。這一段說的交易，還是與淮夷的交易。

宣王的命令規定，如果淮夷不貢納布帛以及糧草、人眾，或者淮夷的賈人不遵守交易的限制，"則即井（刑）𢦏伐"。"𢦏伐"是用軍隊征伐，對方國而言；"刑"是以法律懲罰，對賈人而言。至於周的諸侯百姓，賈人如不遵守交易規定，也要處刑。我們知道，古代的刑雖有幾等，但單說"刑"，一般就是殺的意思。

周朝為什麼在伐玁狁小勝之後，要兮伯吉父執行這樣的任務，也是可以想像的。王國維《觀堂集林》跋此盤，說"正為六月大舉計也"，已揭露了其間消息。周朝經過厲王時期的動亂，實力業已削弱。為了大規模出征玁狁，不得不加重對東方以至東南淮夷地區的榨取。就連對交易的控制，也是為了這個目的，如《周禮·司市》所言，在師役之時必須治其市政，以便控制和掌握物資。淮夷和周朝的關係本來處於緊張狀態，厲王時曾命虢仲伐淮夷，未能成功。這時宣王加強對淮夷的徵取和限制，無疑是其後戰事的一個重要原因。

四　幾點討論

在結束本文以前，還有幾個問題想略作討論。

首先是周朝與淮夷的關係問題。從兮甲盤知道，南淮夷諸國沒有列在周的諸侯之間，所以銘文以淮夷和"我諸侯百姓"對立。這應該是由於淮夷各國不是周朝分封的，而是當地的土著。其中如英、六，文獻有明文說明是夏商以來古國。

淮夷各國在一定時期內服屬於周，他們對王朝負擔的義務與周分封的諸侯有別。兮甲盤和駒父盨都表明，淮夷主要是向周朝貢納布帛。至於兮甲盤所講到的委積和進人，也許只是在周朝籌劃征伐玁狁時特別設立的負擔。周朝在征服淮夷以後，就派人到淮上各國斂取布帛，可見這項貢納是大量的，對淮夷來說是沉重的壓榨。

所謂"帛賄人"的意義，還可以深入研究。前面曾經引到《周禮·大宰》及注，經文原為大宰九職之一："六曰商賈，阜通貨賄。"注："金玉曰貨，布帛曰賄。"布帛在古代不僅是一種商品，而且本身作為貨幣流通。《詩·氓》歌詠的"抱布貿絲"，大家都很熟悉。《漢書·食貨志》記太公為周立九府圜法，"布帛廣二尺二寸為幅，長四丈為匹"，是貨幣的一種。雲夢秦簡《金布律》還有"布袤八尺，幅廣二尺五寸"的規定，每布折合十一錢。由此可知，布帛和商賈交易有著內在的聯繫。

周朝諸侯百姓同淮夷的商賈有廣泛的貿易關係，因而宣王要求把這種交易限制到指定設置的市場上來，由官吏加以控制。這告訴我們，西周晚期已經有了比較發達的商業，同時有確定制度的官市也已形成了。淮夷地區盛產布帛，根據其它金文還以"金"為特產。"金"即銅，也可能包括其它金屬原料。周人與淮夷交易的商品大概以此為主。

如此看來，淮夷和玁狁是有顯然差別的。玁狁是北方主要從事遊牧的少數民族，對周朝的威脅是軍事性質的。周朝為了保護自己統治的界域，不得不屢加抗擊。淮夷則是定居的、生產比較發展的人民，他們常服屬於周，向王朝入貢，並與周人有較多的貿易關係。淮夷對周朝的侵犯，很可能是由於周朝的壓迫榨取所激起，這些問題，我們研究西周的歷史，應該作細心的具體探討。

兮甲盤的"賈"字，是我們近年釋出的。這個字過去多釋為"貯"，實際"寧"在商周金文都出現過，與此字所從不同，小篆的"寧"也不是這樣寫的。《左傳》昭公元年："賈而欲贏，而惡囂乎？""贏"就是利。最近發現西周魯方彝銘文，有一句和《左傳》這句話相似，證明字一定釋為"賈"。

"賈"字，《說文》從"襾"聲，而"襾"字在先秦結構如何，以前都不清楚。現在看不只周代金文有"賈"字，殷墟甲骨和西周前期金文釋為"寧"的字，也應釋"襾"，而不少應讀為"賈"。下面舉一些這樣的例子，為便於排印，都寫作"賈"。

甲骨卜辭屢見"多賈"，如賓組卜辭《佚存》929。歷組卜辭此詞最多，如：

癸醜卜，丁巳延多賈，易日。《綴合編》59

癸醜貞，多賈其延，侑升歲於父丁。《佚存》415

癸醜卜貞，翼丁巳多賈……

甲寅卜貞，惠咬又多賈。二月。《林》1，14，2

丁巳小雨，不延。

戊午貞，侑（？）多賈以鬯自囲。《綴合編》368

這幾版卜辭是連續的，提到延見多賈，並以多賈的香酒祭祀的事。

卜辭里有某地之賈，例如"亳賈"（《拾掇》259）、豙賈（《拾遺》27，9、《續存》2，229）等等。此外還有在"賈"字下加人名的，如賈壴（《續編》5，24，5、《文錄》547）等等。自組卜甲記載龜甲來源的署辭有：

賈杏入。《拾遺》1，8

賈癶入。《京津》189

賈粋入。《南北》坊3，19

可能是由商賈進納的。

1981年，在內蒙昭盟頭牌子出土三件商代青銅器，鼎二甗一，鼎中盛有錫礦砂。所出的甗，上有"賈墉"二字銘文。"賈墉"如釋為商賈的名字，頭牌子這件甗的意義是十分值得尋味的。

西周前期金文"賈"字也有省"貝"的，如《商周金文錄遺》510方彝，銘文有"頒（？）啟會賈百姓"之語，"會賈百姓"可與兮甲盤"諸侯百姓"等句參看。

西周時期王朝與方國的關係是多方面的，既有政治的以及軍事的關係，也有經濟的關係。其中經濟關係對研究當時的國家結構和歷史文化，有相當重要的意義，但以前大家很少探討。本文試提的一些看法，可能不當，希望大家批評。

吴镇烽鉴赏兮甲盘

國寶百年失落　兮盤今朝重現

——析論國寶兮甲盤

吳鎮烽

兮甲盤是傳世的國寶重器，出土於宋代，南宋時藏於紹興內府，南宋末年戰亂，此盤流出內府，逐漸不爲人知，遂湮滅無聞。元代流落民間，大書法家、鑑藏家鮮于樞在僚屬李順父家發現此盤，已被其家人折斷盤足，以作炊餅用具。哲人識寶，遂與收藏，兮甲盤重放光彩。清代又入保定官庫。清代末年，輾轉落入著名收藏家陳介祺之手，之後失蹤，不知收藏所在。

真器下落不明，於是贋品時有出現。上世紀四、五十年代，傳聞日本書道博物館收藏有兮甲盤。然而，經多位專家鑒定，令人失望，這是一件民國時期僞造的兮甲盤。八十年代，又傳香港中文大學也有一件兮甲盤，後經專家鑒定，發現這件所謂的兮甲盤，盤體確是周代的真品，但盤中的銘文卻是後人僞作，是依據《三代吉金文存》兮甲盤銘文拓本用強酸腐蝕而成，字口風韻與陳氏的原始拓本相差甚遠，也是一件贋品。

2014 年 11 月在武漢舉行的中國（湖北）文化藝術品博覽會展出一件兮甲盤，中國文物信息諮詢中心邀請國家文物鑑定委員會數位專家進行鑑定，筆者有幸參加。經鑑定，不論從形制、紋飾、皮殼銹色、鑄造遺痕，以及銘文書體，都可以確定這就是失傳已久的赫赫有名的西周重器兮甲盤的真品，特別是這件兮甲盤銘文拓本與陳介祺的原始拓本絲毫不差。兮甲盤真器的重現，是學術界和收藏界的一件盛事，我們率先目睹了這件國寶的光輝風彩。

兮甲盤，現高 11.7 釐米、直徑 47 釐米。敞口淺腹，窄沿方唇，內底微向下凹，一對附耳高出盤口，兩耳各有一對橫梁與盤沿連接，圈足殘缺。腹部飾竊曲紋，耳內外均飾重環紋，簡潔樸實。

兮甲盘的造型、紋飾簡潔，其內底133字的長篇銘文，內容十分豐富，價值彌足珍貴。銘文記錄有西周王朝與玁狁的戰爭，與南淮夷的貢賦關係，詔令諸侯百姓進行貿易的命令等，是非常重要的歷史文獻，其中反映了很多典籍中久已缺載的歷史事實，更是十分寶貴。不論是文體還是內容在西周金文中都不多見，這是歷代收藏家所看重之處。

銘文大意是說：在周宣王五年三月，國王親自率兵討伐玁狁，兮甲隨王出征，殺敵執俘，榮立戰功，宣王賞賜給兮甲馬四匹車一輛。又命令兮甲掌管成周及四方的交納糧賦。南淮夷本來就是順從周王朝的貢納之臣，不敢不繳納貢賦，不敢不運送通商貨物，否則將興兵討伐。凡屬南淮夷來的人，必須到指定的地方留住；做買賣的商人，必須到政府管理的市場營業，膽敢不服從周王的命令，則受刑罰處置。周王朝屬下的諸侯、百姓做買賣，膽敢不到市場上去，膽敢擅自接納蠻夷的奸商，也要受到嚴厲的懲罰。

銘文中的兮甲，亦稱兮伯吉父、兮吉父、伯吉父。該人名甲，字吉父，“兮”是其氏稱，“伯”是其在兄弟間的排行。該人是周宣王時期的重臣，也就是《詩·小雅·六月》“文武吉甫，萬邦爲憲”中的吉甫，“甫”與“父”字相通。《竹書紀年》和《書序》又稱爲“尹吉甫”。“尹”是其官職。“甲”是天干的開始，“吉”也有始義。名與字含義相同，兩相呼應。

尹吉甫是西周宣王時代的輔弼大臣，武功文治都建有重大的功業，是對華夏民族發展有突出貢獻的歷史人物。他又是確鑿可信的西周大詩人。《詩·大雅》中的《崧高》、《烝民》、《韓奕》、《江漢》諸篇都是他的作品。他的多篇政治抒情詩，或譽或刺，在思想上和藝術上已相當成熟，比戰國時代楚國的屈原要早四百多年。

尹吉甫的青銅器，歷代出土甚多，最著名的除兮甲盤外，見於著錄的還有清代出土的兮吉父簋，道光年間陝西寶雞

偽器之一：日本書道博物館藏兮甲盤

偽器之二：香港中文大學文物館藏兮甲盤

縣出土的兮伯吉父盨蓋，1940 年陝西扶風縣任家村銅器窖藏出土的吉父鼎、善夫吉父鼎，善夫吉父鬲（10 件）、善夫吉父簠、善夫吉父盂、善夫吉父𬭼（2 件），1972 年陝西扶風縣北橋村銅器窖藏出土的伯吉父鼎、伯吉父簋和伯吉父匜等。

兮甲盤自宋元以來，有宋張掄的《紹興內府古器評》、元鮮于樞的《困學齋雜錄》、清代吳大澂的《愙齋集古錄》、近代羅振玉的《三代吉金文存》、郭沫若的《兩周金文辭大系圖錄考釋》、中國社會科學院考古研究所的《殷周金文集成》、嚴一萍的《金文總集》、吳鎮烽的《商周青銅器銘文暨圖像集成》等 35 種圖書著錄，方濬益、王國維、郭沫若、楊樹達、李學勤、連劭名等十多位專家學者進行了考釋，足見其重要程度。

總之，兮甲盤是迄今所見傳世青銅器中，流傳年代最久遠的國寶重器，從宋代至今，屢遭不幸，時隱時現，實屬不易。它是漢代到宋代其間出土的商周青銅器中唯一流傳至今的一件瑰寶。兮甲盤鑄造於周宣王五年(公元前 823 年)，年代明確，銘文所記內容，時間、地點、人物、事件齊全，涉及的人物爲周宣王及其重臣尹吉甫，涉及的事件包括宣王伐玁狁的戰爭、尹吉甫司政成周及四方績，以及貿易管理等，對於研究西周王朝與北方玁狁、南方淮夷等少數部族的關係，西周的賦稅制度、市場管理等方面，均具有重要價值。正如王國維所說："此種重器，其足羽翼經史，更在毛公鼎之上。"

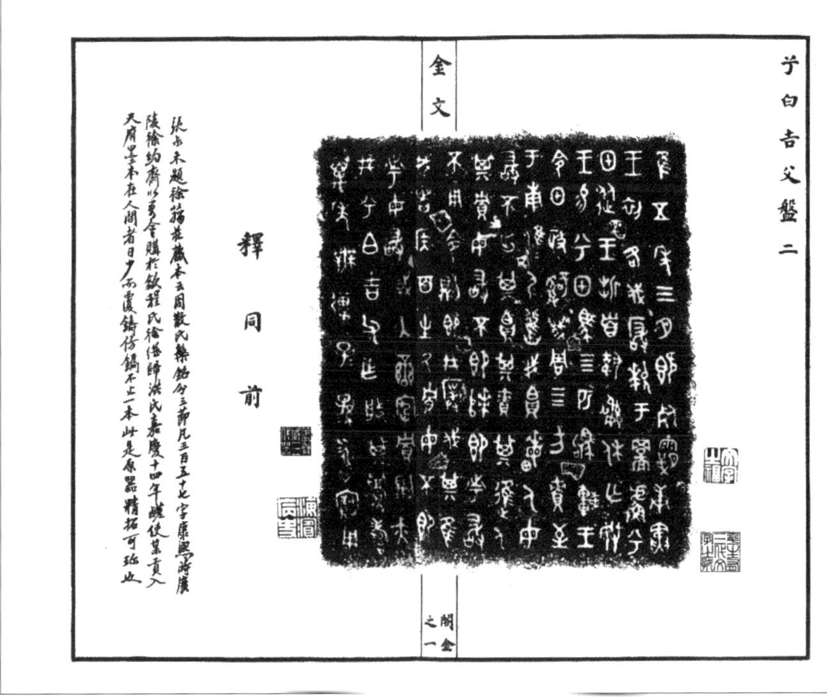

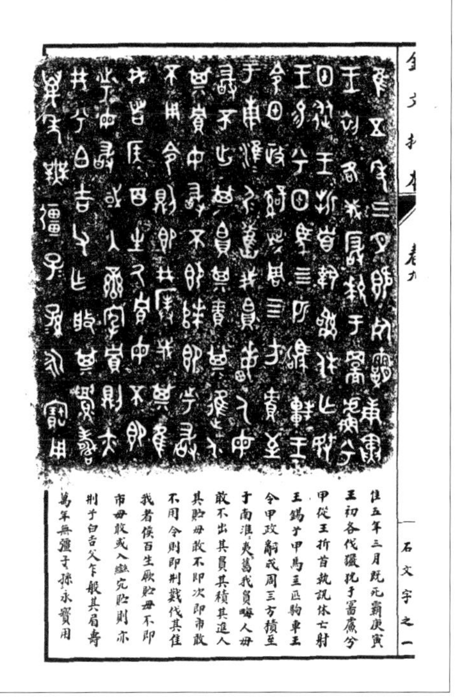

民國劉體智《小校經閣金石文字拓本》同時收錄兮甲盤真器銘文（左圖）與日本書道博物館藏僞兮甲盤銘文拓片（右圖）

杭州嚴官巷南宋御街遺址

兮甲盤重要的歷史價值

郝本性

2014年11月,在湖北省武漢市,舉辦了中國(湖北)文化藝術品博覽會,我和吳鎮烽先生被邀參加該會。會上展出青銅器中,有一兮甲盤引人注目。因為早在千年前的宋代,該盤便出土,收入宮中。元代時流落市場,被李順甫買回,其家人將盤圈足打掉,製成烙餅的煎鍋,再由書法大家鮮于樞發現得到。後又輾轉收藏,清末歸於大收藏家陳介祺,其後不知下落。如今,失蹤多年的實物重現,經我們鑒定:該器的鑄造工藝與保存現狀均為真品。銘文又同著錄的完全符合。是日本書道博物館及香港中文大學文物館所藏兩件無法相比的。此盤流傳有序,失而復得,可喜可賀。

中國國家博物館現藏的虢季子白盤,有銘文一百一十字,乃韻文,且同為西周晚期宣王之器。而該盤銘:"搏伐玁狁,于洛之陽。"此盤一百三十三字,盤銘:"王初各伐玁狁於𠳋𢉅,兮甲從王。"玁狁為周西北方少數民族,春秋時,在秦國晉國的追擊下,被迫遷往伊洛一帶。當然,夷、宣時的多友鼎、不嬰簋、逑鼎均提到與玁狁作戰。兮甲盤在記載此事時,更充實了物證。從這一方面看,已具有極為重要的歷史價值。

有趣的是虢季子白盤,清代於寶雞出土後,也經歷坎坷,甚至用作養馬裝料的馬槽。此種大方盤絕非洗浴用的,而是一種銘刻武功的記功"碑"。墨子所謂"書之竹帛,琢之盤盂",其底較平而面積大,將重要銘功記事,刻鑄其上,便可在宗廟中永久保存。因此兮甲盤的珍貴價值,突出體現在銘文上,其史料可與《尚書》一篇相比。

兮甲盤銘文:"淮夷舊我貟(帛)畮人,毋敢不出其貟(帛)其責(積)。其進人,其貯,毋敢不即餗(次),即市。敢不用命,則即刑撲伐。其隹(惟)我者(諸)侯、百姓,厥貯毋不即市,毋敢或入蠻宄貯,則亦刑。"

這一段是責令諸侯百姓(當時的百姓指百官),如經商不就市,或敢在蠻夷之間從事不正當的貿易,都要受懲罰。學者間向對"貯"字有不同釋讀,或釋"賈",或釋其它字。筆者認為,這個字既有積藏之意,又有買賣之意,總之均是指商賈貿易。該盤銘講明周王對淮夷的政策法令,反映有貢賦、守職、通使和商業。一篇銘文既反映戰爭,又反映商貿,是很難得的寶貴史料。

還有一件宣王時器是1974年陝西武功縣周代遺址出土的駒父盨,記載南仲邦父命駒父到南淮夷征賦貢時,要謹慎對待夷俗,要"獻厥服"。那裡所貢是絲織品,表明西周王室貴族從黃淮一帶征收絲織品。《周禮·大行人》:"其貢服物。"鄭玄注:"服物,元(玄)纁絺纊也。"所以,在西周晚期,從黃淮一帶通往陝西宗周,也是一條"絲綢之路"。

由此而知,兮甲盤是西周王朝同東方各族之間的政治、經濟往來和融合的見證物。

八三九　兮甲盤

民國容庚《商周彝器通考》兮甲盤舊影

兮甲盤今照

千載吉金滄桑事　道盡武林今復還

——唯一存世南宋宮廷舊藏西周重器國寶兮甲盤

張　炎

言及傳承明晰的青銅禮器，繞不過兮甲盤，這是南宋宮廷舊藏青銅器中，唯一一件保存至今的西周傳國重器。自宋代面世，宋、元、清、民國四朝的金石書籍中，錄有兮甲盤的重要出版著錄多達二十餘種，近現代各家相關著述論文更不勝枚舉。盤銘一百三十三字，鑄存史料涉西周與玁狁的戰爭、兮甲管理成周畿輔、對南淮夷的商貿等，豐富詳實，可媲美《尚書》一篇。王國維對其讚譽有加，對比近五百字的毛公鼎銘，稱“此種重器，其足羽翼經史，更在毛公諸鼎之上”。

流傳

兮甲盤最早記錄於南宋的《紹興內府古器評》，屬宮廷藏器。作者張掄生卒年不詳，活躍於紹興、乾道、淳熙年間，官居知閤門事。書中命名“周伯吉父匜盤”，“銘一百三十三字”，節錄王年、月相、受賞、器主并加以釋論。北宋晚期著名的《宣和博古圖》不見此物，可知徽宗時代兮甲盤尚未收入大內。

查閱文獻，除《古器評》一書，兩宋古籍再無論及，可知寶器一直深藏宮中，唯身居高位者方可一睹。南宋覆滅，兮甲盤流入民間，為元代書法名家鮮于樞所得。他在《困學齋雜錄》中自述：“周伯吉父槃銘一百三十字，行臺李順甫鬻于市。家人折其足，用為餅爐。予見之乃以歸予。”稍晚的陸友在《研北雜誌》同樣記錄這一事：“李順父有周伯吉父槃，銘一百三十字。家人折其足，用為餅槃。鮮于伯機驗為古物，乃以歸之。”鮮于樞卒於大德六年（1302年），距宋亡僅二十餘載。兩段文字皆表明，至遲在元代初年，兮甲盤已因人為致使底足缺失。

此後，盤收進保定官府，清代中葉，為陳介祺所得。在陳介祺的《簠齋藏古冊目并題記》記：“足損……出保易官庫。”《簠齋金文題識》并言：“下半已缺。一百三十三字。字類石鼓，宣王時物也。魯誓事文。出保陽官庫……”同時代的吳式芬《攈古錄金文》一書最早錄入兮甲盤全銘，釋讀全文後寫：“未觀其器，不知足有缺否……陳壽卿說三足并坐俱缺，即困學齋器也。”在他另一部《攈古錄》中，詳細記載“直隸清河道庫藏器，山東濰縣陳氏得之都市，器高三寸五分，口徑一尺三寸五分，下半缺。”陳介祺道光二十五年（1845年）中進士，此後十年一直供職翰林院。吳式芬在咸豐三年（1853年）已有《攈古錄》初稿，咸豐六年（1856年）病逝。由此可知陳介祺在道光末咸豐初這十年間購買此物。

自陳介祺製盤銘拓片，晚清民國的金石圖冊多有收錄。民國三十年（1941年），容庚在《商周彝器通考》中刊器物黑白照片，是目前所知建國前唯一的影像資料。自此，兮甲盤下落不明，陳夢家在建國初撰寫《西周銅器斷代》時，已稱其“不知所在”。有傳說此盤存於日本，東京書道博物館有一帶足完整器，銘文亦有差別，顯是偽造之物。如今兮甲盤重現於世，實乃大幸之至。

釋物

兮甲盤高11.7釐米，直徑47釐米，敞口淺腹，弧底，下原有圈足。外置雙附耳，耳與盤壁有細柱支撐。整器造型圖案簡約，耳內外兩側，裝飾連續鱗紋。腹身口沿下外壁，裝飾獸體交連紋一周。兩種紋飾皆屬獸體變形紋，流行於西周中、晚期。腹內銘文十三行計一百三十三字，因內有重文四字，故史籍有言其一百二十九字或一百三十字者。銘文如下：

隹（惟）五年三月既死霸庚寅，王初各（格）伐厰𤞤（玁狁）于啚盧。兮甲從王，折首執𦥎（訊），休，亡敃（湣）。王易（賜）兮甲馬四匹、駒車，王令甲政（征）𤔲（治）成周四方責（積），至於南淮厂（夷）。淮厂（夷）舊我貟（帛）

晦（賄）人，母（毋）敢不出其貟（帛）、其賫（積）、其進人，其寘（賈）母（毋）敢不即餗（次）即岑（市）。敢不用令（命），勦（則）即井（刑），厮（撲）伐。其隹（唯）我者（諸）侯、百生（姓）氒寘（賈），母（毋）不即岑（市），毋敢或入蠻（闌）妄（宄）寘（賈），勦（則）亦井（刑）。兮白（伯）吉父乍（作）般（盤），其釁（眉）壽萬年無疆，子子孫孫永寶用。

學者對部分先秦金文隸定不一，以下參考諸家之說，對其中的字、詞加以解釋。

“既死霸”，是兩周時期的月相稱謂，一月之中，分初吉、既生霸、既望、既死霸。既死霸即農曆每月二十三日至晦這段時間。“初”，為初始，開始。“各”，是“格”的假借，《尚書·堯典》有“光被四表，格於上下。”意為至、到。“厰歀”，是“玁狁”的本字。“啚慮”為地名。“從王”，即跟隨周王。“折首”，意斬首；“執嘰”，是抓獲審訊俘虜。“休”，善也；“亡”，後作“無”。“敃”通“愍”，《說文·十下》解釋曰：“愍，痛也。”

“駒車”，是少壯馬匹駕馭的車。“政”，結合下文之“賫”，作征收。“嗣”，《說文·十四上》有：“嗣，籀文辭。”同“嗣”，有管理之意。“成周”，位於今河南洛陽，陝西丰鎬之地則稱宗周。何尊有“隹王初遷宅于成周”銘，學者多認為乃周成王時所建新都。“賫”，通“積”，《周禮·地官·遺人》記：“掌邦之委積。”鄭玄注：“委積者，廩人、倉人計九穀之數足國用，以其餘共之，所謂餘法用也。職內邦之移用，亦如此也，皆以餘財共之。少曰委，多曰積。”這裡代指糧草。“尸”通“夷”，南淮夷為成周南部淮水流域部族，屬納貢的臣邦。“淮尸”二字下分別有重文符號。“舊”，有過去之意。“貟”通“帛”，指絲織物，“晦”通“賄”，郭沫若解“貟晦人”作賦貢之臣。“母”是否定詞，通“毋”。“出”表示交納，“進人”為進貢服勞役之人。

“寘”，通“賈”，指商賈；“即”是靠近。“餗”通假“次”，《左傳·襄公二十六年》書：“師陳焚次，明日將戰。”杜預註言：“次，舍也。”意為官舍，這裡當是管理集市的機構。“岑”，孫詒讓考其為“市”之古文。“令”通“命”，即命令。“勦”在《說文·四下》釋作“則”之籀文。“井”，通“刑”，指刑罰。“厮”，或作“戭”，通“撲”，意為擊，“厮伐”連用表示征伐。

“其隹”的“隹”通“唯”，合用表示希望。“者”通假“諸”；“生”乃“姓”的初文，“百生”泛指西周的貴族、官吏。“蠻”，孫詒讓釋作“闌”，同“闌”，原意是“妄入宮掖”，“入蠻”引申為擅自闖入。“妄”，宄之古文，《說文·七下》道：“宄，姦也。外爲盜，內爲宄。从宀九聲，讀若軌。”“妄寘”可意指非法貿易。“釁”通“眉”，眉壽即長壽。結尾“子孫”二字下亦有重文。

整篇大意為：在五年三月既死霸的庚寅日，周王開始到啚慮地區討伐玁狁。兮甲跟隨周王，殺敵俘獲，圓滿功成。王賜給兮甲四匹馬和駒車，命令他征收管理成周與周邊的糧草，範圍至達南淮夷地區。南淮夷過去就是我周朝的賦貢之臣，不敢不交納他們的絲織物、糧草和勞役。他們的商賈不敢不到周朝管理的集市貿易。敢不執行命令，就施加刑罰，進行征討。希望我周朝諸侯百姓的商賈全部到集市去，不能再非法貿易，否則同樣處以刑罰。兮甲製作這件青銅盤，希冀長壽萬年無疆，子孫後代永久珍用。

身世

銘文中四處揭示了兮甲盤的歷史身世：第一是器主。典籍對此盤有“伯吉父匜盤”、“兮田盤”、“兮伯盤”、“兮白吉父盤”、“兮甲盤”等名，稱謂差異源於先秦姓、氏、名、字的使用。在秦漢以前，姓和氏為兩個概念，《資治通鑒外紀》云：“姓者，統其祖考之所自出；氏者，別其子孫之所自分。”《通志·氏族略》有言：“三代之前，姓氏分而為二，男子稱氏，婦人稱姓。氏所以別貴賤，貴者有氏，賤者有名無氏。”名乃自用，字多是對名的補充解釋，互為表裡，故又叫“表字”。作為貴族的兮甲，兮是氏，甲是名，字伯吉父。

王國維《兮甲盤跋》認為：“甲”是天干的開始，而“吉”也有開始的意思，如月朔為吉月，一月前八天是初吉。銘文前半段，對周王稱自己名，作“兮甲”，後半段記自己做器，故稱字“兮伯吉父”。“兮田”則是金文中“田”、“甲”

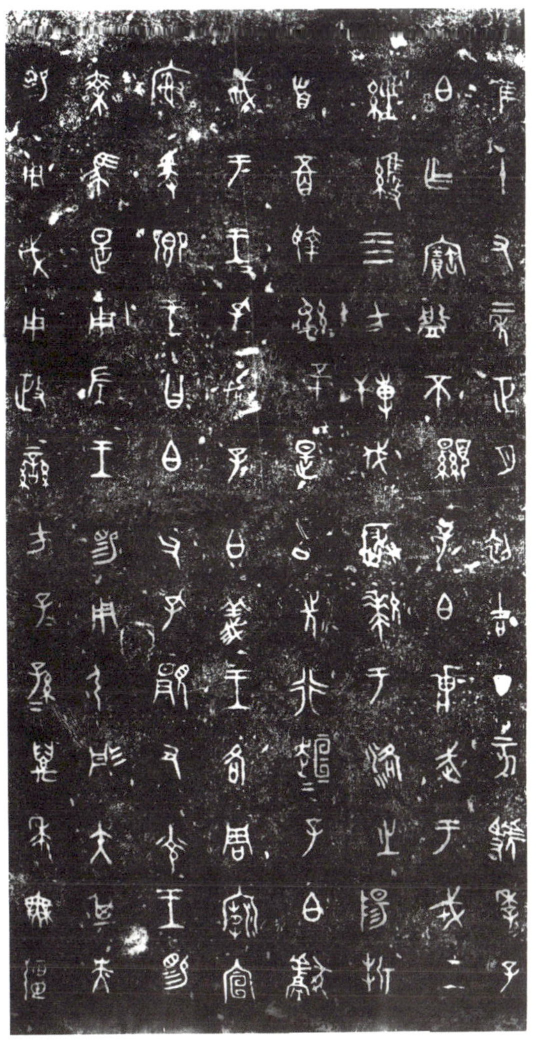

『兮甲盤』於國家博物館鎮館之寶『虢季子白盤』的特點：

一　著錄出版早。兮甲盤最早為宋代宮廷著錄，虢季子白盤最早為道光年間流傳。

二　傳承時間長。兮甲盤歷經宋元明清金石大家遞藏。虢季子白盤則出土於道光年間。

三　銘文字數多。兮甲盤較虢季子白盤多二十餘字。

四　內容記述廣。兮甲盤涉及政治軍事、社會制度、經濟貿易等更多方面。

國家博物館藏虢季子白盤

二字相似導致隸定之誤。王氏進一步推測，“兮伯吉父”便是《詩經·小雅·六月》中“文武吉甫”、“吉甫宴喜”中的“吉甫”。《詩經·大雅》的《崧高》和《烝民》皆有“吉甫作誦”句，《毛傳》開始於字前加“尹”，尹是官職之名，《今本竹書紀年》也錄有“尹吉甫帥師伐玁狁。”綜合文獻資料，可知尹吉甫是當時著名的政治家、軍事家，同時也是一位文學家，是第一部詩歌總集《詩經》的主要採集者，歷史地位舉足輕重。

第二是年代。開篇王年、月相、日干支三者齊備，王國維依據《長術》，推周宣王五年三月乙丑為朔，庚寅為廿六日，正與既死霸相吻合。對兮甲盤干支日的推算，學者歷來各執一詞，但年月的認定基本一致。中國歷史上，自西周共和元年（公元前 841 年）始有確切紀年，十四年後，周宣王繼位。兮甲盤所述的“五年”就是公元前八二三年。

第三是玁狁。在《鬼方昆夷玁狁考》一文中，王國維論證鬼方、昆夷、葷粥、獯鬻、玁狁實屬同一族群，即歷史上赫赫有名的匈奴。自殷商起，他們被華夏地區冠以不同稱謂。獫狁一名，於厲王至宣王兩代在文獻、金文中頻繁出現，足見侵擾之甚。而《紀年》有“穆王西征犬戎，取其五王，王遂遷戎於太原。”“宣王二十七年，王遣兵伐太原戎不克。”《詩經》又有“薄伐玁狁，至於大原。”太原一地不會同時出現兩戎，由此可知，在西周晚期，玁狁又喚作犬戎。

第四是啚盧地望。《兮甲盤跋》考據音韻，認為這一用兵之地正是《春秋》的“彭衙”。彭衙在漢代是左馮翊衙縣，位於洛水東北。這裡的洛水屬渭河支流，地處陝西，非河南伊洛。玁狁犯周，自洛水向涇水進發，周王朝的防禦在這裡符合地理實情。虢季子白盤有銘“博伐玁狁於洛之陽”，也可佐證啚盧便是彭衙。

兮甲盤銘結合《今本竹書紀年》所記：“宣王五年夏六月，尹吉甫帥師伐玁狁，至於太原。”《詩經·小雅·六月》的“玁狁孔熾，我是用急。王于出征，以匡王國。”“玁狁匪茹，整居焦獲。侵鎬及方，至於涇陽。”“薄伐玁狁，至於大原。文武吉甫，萬邦為憲。”印證補充，大抵還原出那一年戰火紛飛的場景。在宣王五年三月，玁狁侵擾周王朝，雙方爆發戰爭。兮甲跟隨宣王親征獲勝，旋即被派遣至成周。在那裡，兮甲嚴明政令，管制諸侯，并施壓南淮夷，征收到大量戰爭所需的人力物力。至六月，兮甲率軍再次出征，大捷而歸，暫時平息了王朝的西北邊患。宣王在位四十五年，重用賢良，國力重復，南征北伐，諸侯來朝，是西周中興之主。

輪迴

開卷觀史，常感慨無巧不成書。《後漢書·西羌傳》言：“武乙暴虐，犬戎寇邊，周古公逾梁山而遷於岐下。”《詩經·閟宮》贊：“後稷之孫，實維大王。居岐之陽，實始翦商。”正是犬戎的威逼，讓周太王公亶父自豳遷入岐山周原，經季歷、文王兩世耕耘，至武王奪得天下。兩百年間，周與犬戎兵火頻仍。在宣王曇花一現的中興後，子幽王貪腐荒糜，烽火戲諸侯，失信於人。最終，犬戎在申侯引領下，攻入鎬京。幽王身死，西周覆滅，可謂成也犬戎，敗也犬戎。

無獨有偶，又一輪迴悄然而至。靖康之變後，宋室南遷，以武林作都，升為臨安府，期望“紹祚中興”。然國難之時，地不愛寶，象征西周中興的兮甲盤現身，庋藏內府，自此與這塊土地結下不解之緣。元代大書法家鮮于樞三十七歲定居西子湖畔，在虎林築困學齋，機緣巧合得兮甲盤。

輾轉數百年後，失而復得的吉金寶器，亮相杭州西泠印社拍賣，即將在這裡書寫新的傳奇。

江漢浮浮，武夫滔滔，
匪安匪游，淮夷來求。
既出我車，既設我旟，
匪安匪舒，淮夷來鋪。

尹吉甫《詩經・大雅・江漢》

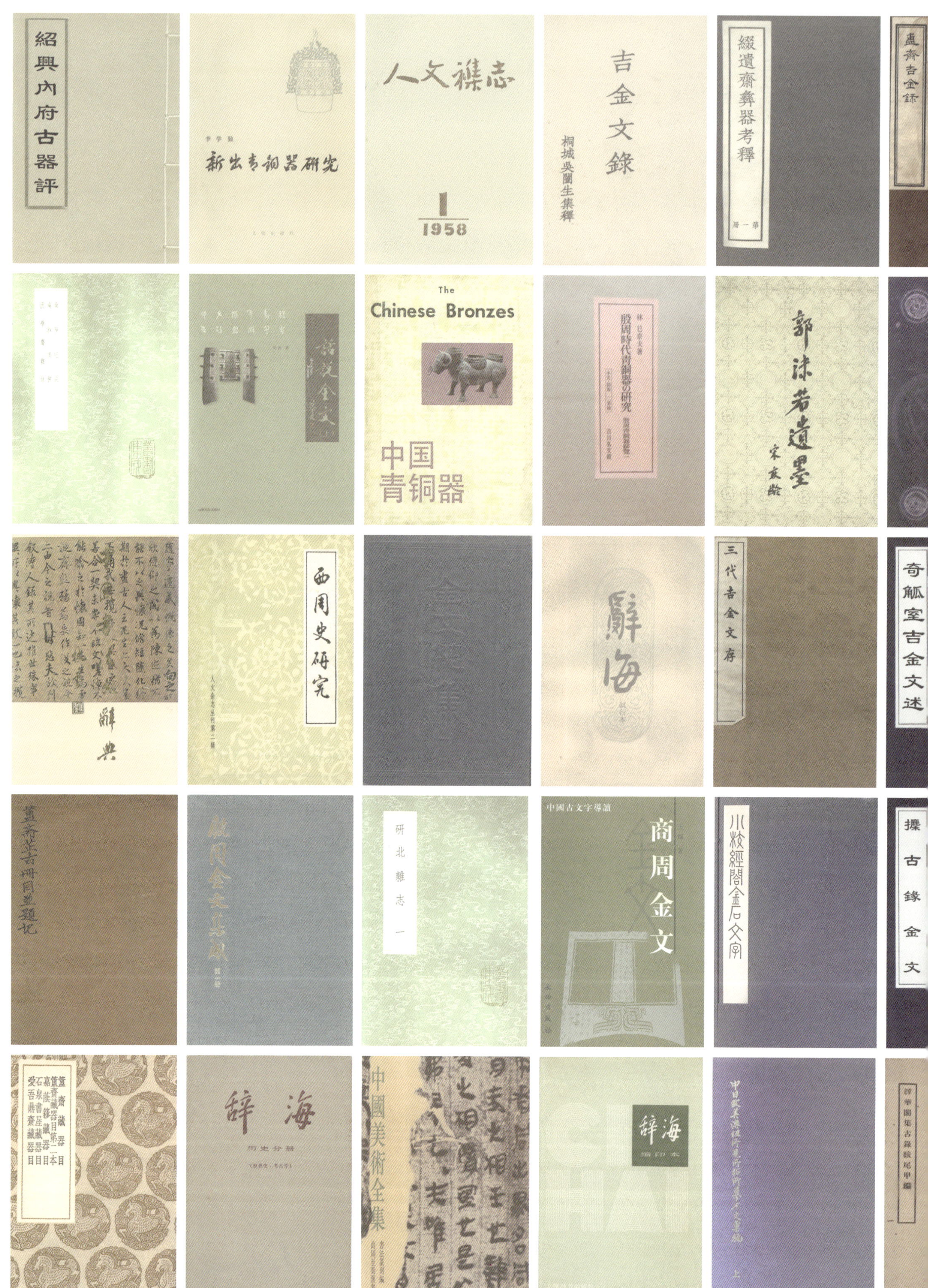

紹興內府古器評
新出青銅器研究
人文雜志
1
1958
吉金文錄
桐城吳闓生集釋
綴遺齋彝器考釋
第一冊
The
Chinese Bronzes
中国
青铜器
殷周時代青銅器の研究
郭沫若遺墨
西周史研究
辭海
三代吉金文存
奇觚室吉金文述
研北雜志
一
中國古文字導讀
商周金文
小校經閣金石文字
攈古錄金文
簠齋藏器目
辭海
歷史分冊
中國美術全集
辭海
縮印本
上

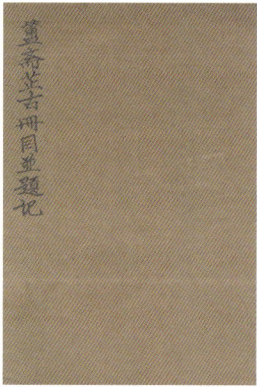

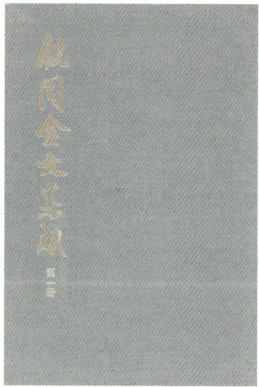

唯一存世南宋宫廷舊藏西周重器國寶兮甲盤
出版著錄及論述達百餘種之多
簠齋金文題識
兩周金文選
西周銅器斷代
商周銘文選注譯
西周金文辭大系圖錄考釋
攈古錄
愙齋集古錄
商周青銅器銘文暨圖像集成
積微居金文說
觀堂集林
人文雜志
1958

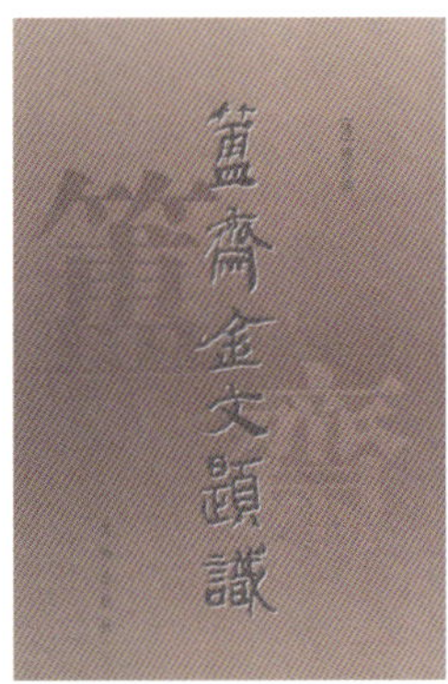

Literature, illustrations and provenances

1. *Annotations on Ancient Vessels of Imperial Southen Song Collection*, Vol. 2, Zhang Lun, 1131–1162
2. *Collection of Kun Xue Zhai*, Xian Yushu, 1271–1368; previously collected by Li Shunfu and Xianyu Shu
3. *Yan Bei Za Zhi*, Vol. 1, Lu Youren, 1271–1368
4. *Rubbing of 'Xijia' Pan*, Chen Jieqi, collected by National Central Library, 1845–1856
5. *Catalogue of Ancient Books collected by Fu Zhai and Inscriptions*, Vol. 9, p. 315, Chen Jieqi, 1920
6. *Catalogue of Fuzhai's Collections*, p. 18, Chen Jieqi, 1936
7. *Fu Zhai's Research on Inscriptions on Bronze Wares*, p. 63, Chen Jieqi & Chen Jikui, Cultural Relics Publishing House, 2005
8. *Rubbings of Bronze Wares of Fu Zhai*, Xitian Pan I, Deng Shi, 1918
9. Sale of Fine Ink Rubbings, Lot 4491: Two Kinds of Ink Rubbing (Qing Dynasty) of 'Xi Jia' Pan, Xiling Yinshe Spring Auction, 2017
10. *Jun Gu Lu*, Vol. 3, p. 22, Wu Shifen, 1910; previously collected by Bao Yang Fu and Chen Jieqi
11. *Inscriptions on Bronze Vessels of Jun Gu Lu*, Vol. 3, pp. 67–70, Wu Shifen, 1895
12. *Ancient Articles Collected by Ke Zhai*, Vol. 16, pp. 13–14, Wu Dacheng, 1918
13. *Zhuiyizhai's Textual Research on Bronze Ritual Vessels*, Vol. 7, pp. 7–10, Fang Junyi, 1935
14. *Discussions on Classical Inscriptions*, Vol. 3, pp. 35–37, Sun Yirang, 1929
15. *Literature of Rubbings on Bronze Wares of Qi Gu Shi*, Vol. 8, pp. 19–21, Liu Xinyuan, 1902
16. *Inscriptions on Bronze Wares of Zhou Dynasty*, Vol. 4, p. 2, Zou An, 1916
17. *Guan Tan Ji Lin: Bie Ji*, Vol. 2, pp. 8–10, Wang Guowei, Zhonghua Book Company, 1959 (written in 1921)
18. *Collections of Insriptions on Bronze Wares*, Vol. 4, p.26, Wu Kaisheng, 1933
19. *Selection of Yu Xingwu's Research on Rubbings*, Vol. 1–3, pp. 24–25, Yu Shengwu, 1934
20. *Research on Catalogue of Rubbings in Western and Eastern Dynasties*, p. 134, pp. 143–144, Guo Moruo, 1935
21. *Xiao Jiao Jin Ge's Collection of Inscriptions' Rubbings*, Vol. 9, p. 84, Liu Tizhi, 1935
22. *Weihuage's Postscripts of Research on Inscriptions*, Vol. IX, p. 2, Ke Changji, 1935
23. *Critique on Analects of Inscriptions on Bronze Wares of Zhou and Qin Dynasties*, pp. 115–116, Huang Gongzhu, 1935
24. *Research on Chronicle of Inscriptions*, Vol. 5, pp. 16–18, Wu Qichang, 1936
25. *Inscriptions on Bronzes of Three Dynasties*, Vol. 17, p. 20, Luo Zhenyu, 1937
26. *General Research on Bronze Ritual Vessels of Shang and Zhou Dynasties*, Vol. 1, p. 57, no. 839, Rong Geng, Harvard-Yeching Institute, 1941
27. *Ji Wei Ju's Research on Rubbings*, Vol. 1, pp. 35–37, Yang Shuda, Science Press, 1952 (written in 1942)
28. *Ancient Punishment and Redeemed Punishment*, Si Weizhi, p. 82, issue 1, *The Journal of Humanities*, 1958
29. *Chronology of Bronze Vessels of Western Zhou Dynasties*, Vol. 1, pp. 323–327; Vol.2, p. 826, pl. 213, Chen Mengjia, Zhonghua Book Company, 2004 (written in 1965)
30. *Test Publication of Ci Hai: History (The Eighth Part)*, p. 473, Ci Hai Editorial Office of Zhonghua Book Company, 1961
31. *Ci Hai: World History and Archaeology*, p. 318, Shanghai Lexicographical Publishing House, 1978
32. *Rubbings and Hand Copies of Bronze Inscriptions in China, Japan, Europe, America and Australia Collection*, Vol. 1, p. 70, Inscription no. 25, Barnard & Cheung Kwong-yue, Yee Wen Publishing Company, 1978
33. *Illustrated Chinese History:Western Zhou Dynasty*, p. 115, Ye Daxiong, Xinxin Cultural Publishing Co.,Ltd., 1979
34. *Collection of Calligraphy of Guo Moruo*, p. 36, Guo Shuying, Hebei People's Publishing Press, 1980
35. *General Collection of Inscriptions on Bronzes*, pp. 3703–3704, no. 6791, Yan Yiping, Yee Wen Publishing Company, 1983
36. *Emperor Xuan's Governance of Nan Huai Yi Area and His Connection with Hubei*, Liu Xiang, p. 40, issue 3, *Jiang Han Kao Gu*, 1983
37. *Research on Emperor Xuan's Conquest of Nan Huai Yi Area*, p. 66, Liu Xiang, *The Journal of Humanities*, 1983
38. *'Zhu': An Inscription of Western Zhou Dynasty and Its Connection to Lands*, Wang Yuzhe, p. 47, issue 3, *Nankai Journal*, 1983

歷代著錄出版期刊及遞藏：

1. 張掄《紹興内府古器評》卷下，南宋紹興年間（1131–1162 年），暨南宋宮廷收藏。
2. 鮮于樞《困學齋雜錄》，元（1271–1368 年），暨李順甫、鮮于樞收藏。
3. 陸友仁《研北雜誌》卷上，元（1271–1368 年）。
4. 陳介祺兮甲盤拓片，國家圖書館藏，清道光二十五年至咸豐六年間（1845–1856 年）。
5. 陳介祺《簠齋藏古冊目並題記》第九冊第三一五頁，民國九年（1920 年）。
6. 陳介祺《簠齋藏器目》第十八頁，民國二十五年（1936 年）。
7. 陳介祺、陳繼揆《簠齋金文題識》第六三頁，文物出版社，2005 年。
8. 陳介祺《簠齋吉金錄》兮田盤一，鄧實編，民國七年（1918 年）。
9. 西泠印社春季拍賣《吉金嘉會・金石碑帖專場》第四四九一號，兮甲盤清代未剔本（字口未清理）拓片及已剔本（字口已清理）拓片，2017 年。
10. 吳式芬《攈古錄》卷三第二二頁，清宣統二年（1910 年），暨保陽府收藏，陳介祺收藏。
11. 吳式芬《攈古錄金文》卷三第二冊第六七至七十頁，清光緒二十一年（1895 年）。
12. 吳大澂《愙齋集古錄》卷十六第十三至十四頁，民國七年（1918 年）。
13. 方濬益《綴遺齋彝器款識考釋》卷七第七至十頁，民國二十四年（1935 年）。
14. 孫詒讓《古籀餘論》卷三第三五至三七頁，民國十八年（1929 年）。
15. 劉心源《奇觚室吉金文述》卷八第十九至二一頁，清光緒二十八年（1902 年）。
16. 鄒安《周金文存》卷四第二頁，民國五年（1916 年）。
17. 王國維《觀堂集林・別集》卷二第八至十頁《兮甲盤跋》，中華書局，1959 年（是文作於 1921 年）。
18. 吳闓生《吉金文錄》卷四第二六頁，民國二十二年（1933 年）。
19. 于省吾《雙劍誃吉金文選》卷上三第二四至二五頁，民國二十三年（1934 年）。
20. 郭沫若《兩周金文辭大系圖錄考釋》第一三四頁，第一四三至一四四頁，民國二十四年（1935 年）。
21. 劉體智《小校經閣金石文字拓本》卷九第八四頁，民國二十四年（1935 年）。
22. 柯昌濟《韓華閣集古錄跋尾》壬篇第二頁，民國二十四年（1935 年）。
23. 黃公渚《周秦金石文選評註》第一一五至一一六頁，民國二十四年（1935 年）。
24. 吳其昌《金文曆朔疏證》卷五第十六至十八頁，民國二十五年（1936 年）。
25. 羅振玉《三代吉金文存》卷十七第二十頁，民國二十六年（1937 年）。
26. 容庚《商周彝器通考》上第五七頁，下圖八三九號，哈佛燕京學社出版，民國三十年（1941 年）。
27. 楊樹達《積微居金文說》卷一第三五至三七頁，科學出版社，1952 年（是文作於 1942 年）。
28. 斯維至《古代的"刑"與"贖刑"》，《人文雜誌（第一期）》第八二頁，1958 年。
29. 陳夢家《西周銅器斷代》上第三一三至三二七頁，下第八二六頁，圖二一三號，中華書局，2004 年（是文作於 1965 年）。
30. 《辭海》試行本，第八分冊歷史，第四七三頁，中華書局辭海編輯所，1961 年。
31. 《辭海》歷史分冊世界史、考古學，第三一八頁，上海辭書出版社，1978 年。
32. 巴納、張光裕《中日歐美澳紐所見所拓所摹金文彙編》卷一第七十頁，銘文二五號，藝文印書館，1978 年。

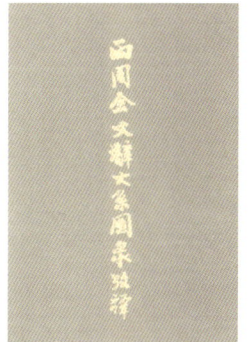

39. *Research on Bronze Vessels of Shang and Zhou Dynasties: General Overview of Bronze Wares of Shang and Zhou Dynasties*, Vol 1, p. 366, Plate no. 74, Minao Hayashi, Yoshikawa Kobukan, 1984
40. *Research on History of Western Zhou Dynasty*, p. 266, Editorial Office of The Journal of Humanities, 1984
41. *China Dictionary of Calligraphy*, p. 1034, Liang Piyun, Guangdong People's Publishing House, 1984
42. *Square Bronze Vessels of Lu State and Merchants of Western Zhou Dynasty*, Li Xueqin, p. 31, issue 1, *Journal of Historical Science*, 1985
43. *New Research on Inscriptions on 'Xi Jia' Pan*, p. 87, issue 4, Lian Shaoming, *Jian Han Kao Gu*, 1986
44. *Selling Lands instead of Buying Lands*, Vol. 14, Hu Dianxian, p. 51, issue 3, *Journal of Anhui Normal University*, 1986
45. *Selected Inscriptions on Bronze Vessels of Shang and Zhou Dynasties*, Vol. 1, p. 276, Cultural Relics Publishing House, 1986
46. *Inscription Collection of Western and Eastern Zhou Dynasties: Calligraphy*, p. 242, Gu Ming & Xu Gufu, Shanghai Calligraphy and Paintings Publishing House, 1986
47. *Complete Collection of China Fine Arts: Calligraphy and Seal Engraving I: Calligraphy of Shang and Zhou to Qin and Han Dynasties*, Vol. 1, p. 26, Shanghai People's Fine Arts Publishing House, 1987
48. *Chinese Bronze Wares*, p. 393, Shanghai Ancient Book Publishing House, 1988
49. *Inscription Collection on Bronze Wares of Shang and Zhou Dynasties*, p. 305, Ma Chengyuan, Cultural Relics Publishing House, 1988
50. *Selected Essays on Chinese History*, Vol. 2, p. 199, Zhang Dake & Xu Jingzhong, Gansu Educational Press, 1988
51. *Interpretation on Inscriptions on Bronzes*, p. 398, Hong Jiayi, Jiangsu Education Publishing House, 1988
52. *General Collection of Chinese Calligraphy*, p. 31, Huang Siyuan, Henan Fine Arts Publishing House, 1988
53. *Inscriptions: Social History of Shang and Zhou Dynasties*, p. 195, Shizuka Shirakawa, Linking Publishing Enterprise Co., 1989
54. *Ancient Words of Shang and Zhou Dynasties*, p. 134, Liu Xiang, Language and Literature Press, 1989
55. *Research on Newly-Unearthed Bronze Wares*, p. 138, Li Xueqin, Cultural Relics Publishing House, 1990
56. *Dictionary of China's Generals and Premiers*, p. 4, An Zuozhang, Tomorrow Publishing House, 1990
57. *Chronical Dictionary of Chinese Calligraphy*, Vol. 1, p. 50, Zhou Ti, Beijing Yanshan Press, 1990
58. *Dictionary of Chinese Calligraphy and Seal Engravings*, p. 454, Li Guojun, Hunan Education Publishing House, 1990
59. *Research on Criminal Regulations of Western Zhou Dynasty based on Inscriptions on Bronze Wares*, Yang Guangwei, p. 90, issue 5, *Journal of Shanghai University*, 1990
60. *Research on Names and Military Affairs in Nan Huai Yi Area of Western Zhou Dynasty*, Zhang Maorong, p. 81, issue 4, *The Journal of Humanities*, 1990
61. *Research on Ancient Chinese History: Essay Collection by Professor Chen Lianqing*, Vol. 1, p. 1152, Chen Lianqing, Jilin Literature and History Press, 1991
62. *Brief Dictionary of Chinese Antiques*, p. 94, edited by Museum of Chinese History, Fujian People's Publishing House, 1991
63. *Annotations for Inscription on Bronzes of Western Zhou Dynasty*, p. 187, Qin Yonglong, Beijing Normal University Publishing House, 1992
64. *Dictionary of Chinese Historiography*, p. 117, Zhao Zhongwen, Yanbian University Press, 1992
65. *Illustrated Collection of Ancient China's Masterpieces*, Vol. 1, p. 1342, Hua Fu, Jinan Publishing House, 1993
66. *Supplementary to the Theory of Connection between Characters 'Jia' and 'Zhu' in Bu Ci and Inscriptions*, Shao Hong, p. 89, issue 1, *Cultural Relics of Southern China*, 1993
67. *Inscriptions on Bronze Wares of Yin and Zhou Dynasties*, Vol. 16, no. 10174, Zhonghua Book Company, 1994
68. *Collection of National Treasures*, p. 638, Cao Zhezhi, Wenhui Press, 1996
69. *Fine Selection of China Chronical Calligraphy: Calligraphy in Seal Script*, p. 34, Lei Zhixiong, Hubei People's Publishing House, 1996
70. *Regional Trade during Xia, Shang and Western Zhou Dynasties*, Zhou Bin, p. 33, issue 3 of Vol. 17, *Journal of*

33. 葉達雄《中國歷史圖說 3 西周》第一一五頁，新新文化出版有限公司，1979 年。

34. 郭庶英《郭沫若遺墨》第三六頁，河北人民出版社，1980 年。

35. 嚴一萍《金文總集》第三七零三至三七零四頁，第六七九一號，藝文印書館，1983 年。

36. 劉翔《周夷王經營南淮夷及其與鄂之關係》，《江漢考古（第三期）》第四十頁，1983 年。

37. 劉翔《周宣王征南淮夷考》，《人文雜誌（第六期）》第六六頁，1983 年。

38. 王玉哲《西周金文中的“貯”和土地關係》，《南開學報（第三期）》第四七頁，1983 年。

39. 林巳奈夫《殷周時代青銅器的研究——殷周青銅器總覽》（一）第三六六頁，盤七四號，吉川弘文館，昭和五十九年（1984 年）。

40. 李学勤《兮甲盤與駒父盨》，載《西周史研究》第二六六頁，人文雜誌編輯部，1984 年。

41. 梁披雲《中國書法大辭典》第一零三四頁，廣東人民出版社，1984 年。

42. 李學勤《魯方彝與西周商賈》，《史學月刊（第一期）》第三一頁，1985 年。

43. 連劭名《〈兮甲盤〉銘文新考》，《江漢考古（第四期）》第八七頁，1986 年。

44. 胡澱咸《貫田應是賣田》，《安徽師範大學學報（第十四卷第三期）》第五一頁，1986 年。

45.《商周青銅器銘文選 1》第二七六頁，文物出版社，1986 年。

46. 古銘、徐谷甫《兩周金文選——歷代書法萃英》第二四二頁，上海書畫出版社，1986 年。

47.《中國美術全集》書法篆刻編 1 商周至秦漢書法，第二六頁，上海人民美術出版社，1987 年。

48. 馬承源《中國青銅器》第三九三頁，上海古籍出版社，1988 年。

49. 馬承源《商周青銅器銘文選》第三零五頁，文物出版社，1988 年。

50. 張大可、徐景重《中國歷史文選下》第一九九頁，甘肅教育出版社，1988 年。

51. 洪家義《金文選注繹》第三九八頁，江蘇教育出版社，1988 年。

52. 黄思源《中國書法通鑒》第三一頁，河南美術出版社，1988 年。

53. 白川靜《金文的世界：殷周社會史》第一九五頁，聯經出版事業公司，1989 年。

54. 劉翔《商周古文字讀本》第一三四頁，語文出版社，1989 年。

55. 李學勤《新出青銅器研究》第一三八頁，文物出版社，1990 年。

56. 安作璋《中國將相辭典》第四頁，明天出版社，1990 年。

57. 周倜《中國歷代書法鑒賞大辭典上》第五零頁，北京燕山出版社，1990 年

58. 李國鈞《中華書法篆刻大辭典》第四五四頁，湖南教育出版社，1990 年。

59. 楊廣偉《銅器銘文所見西周刑法規範考述》，《上海大學學報（第五期）》第九十頁，1990 年。

60. 張懋鎔《西周南淮夷稱名與軍事考》，《人文雜誌（第四期）》第八一頁，1990 年。

61. 陳連慶《中國古代史研究——陳連慶教授學術論文集上》第一一五二頁，吉林文史出版社，1991 年。

62. 中國歷史博物館編《簡明中國文物辭典》第九四頁，福建人民出版社，1991 年。

63. 秦永龍《西周金文選註》第一八七頁，北京師範大學出版社，1992 年。

64. 趙忠文《中國歷史學大辭典》第一一七頁，延邊大學出版社，1992 年。

65. 華夫《中國古代名物大典上》第一三四二頁，濟南出版社，1993 年。

66. 邰鴻《卜辭、金文中“貯”字為“賈”之本字說補證》，《南方文物（第一期）》第八九頁，1993 年。

67.《殷周金文集成》第十六冊，第一零一七四號，中國社會科學院考古研究所編，中華書局，1994 年。

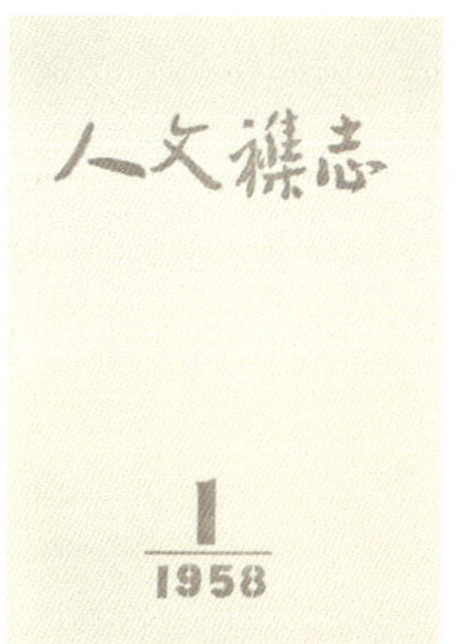

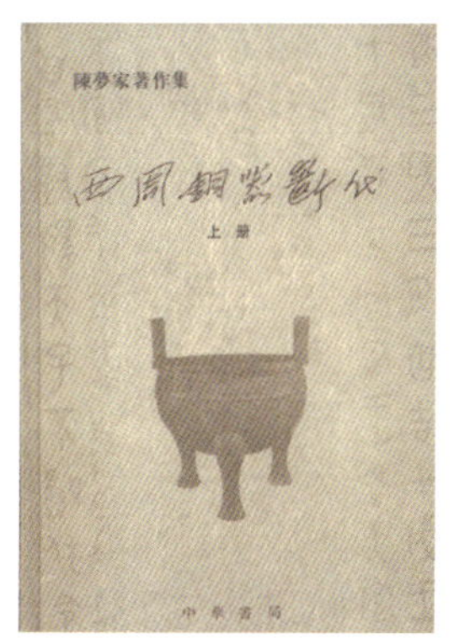

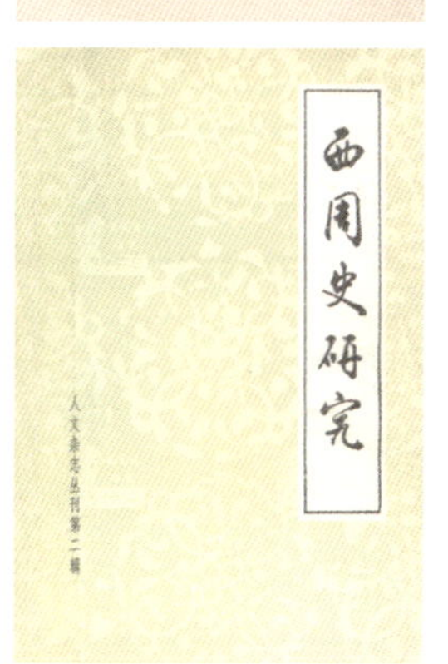

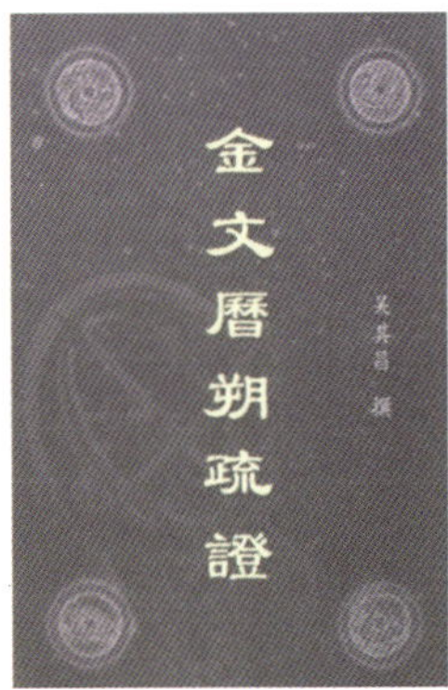

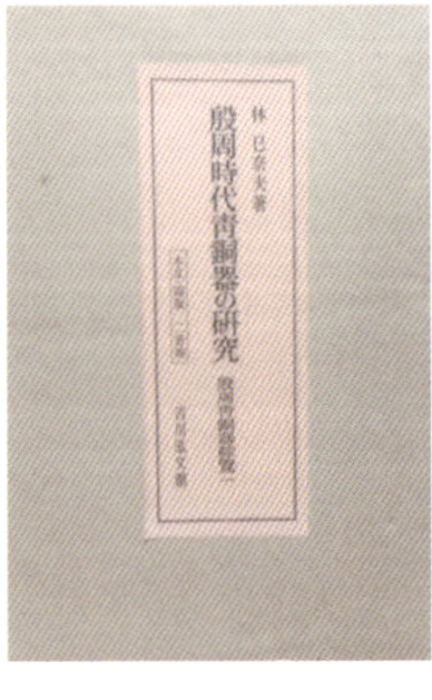

Kashgar Teachers College, 1996

71. *A Millennial History of Sino-Western Classic Civilization*, p. 439, Rizhi, Jilin Literature and History Publishing House, 1997
72. *Selected Essays of Chinese History*, p. 104, Wang Soukuan & Gao Wei, Gansu Cultural Publishing House, 1998
73. *Research on Phonetics of Inscriptions on Bronzes*, p. 320, Hou Zhiyi, Northwest University Press, 2000
74. *Dictionary of Chinese History*, p. 2111, Yanbian People's Press, 2001
75. *Compile of the Explanations about the Posy on the Xijia Plate*, Shang Xiuyan, p. 89, issue 4 of Vol. 22, *Yindu Journal*, 2001
76. *Dictionary of Chinese Fine Arts*, p. 533, Shen Roujian, Shanghai Lexicographical Publishing House, 2002
77. *Complete Collection of Chinese Calligraphy: Complete Collection of Calligraphy in Seal Script*, Vol. 1, p. 36, Zhang Shuheng, China Archive Publishing House, 2002
78. *China's Calligraphy Arts: Shang and Zhou Dynasties, Spring and Autumn Period and Warring States Period*, no. 84, Gu Xi, Cultural Relics Publishing House, 2003
79. *The Continued Textual Research on Xijia Plate*, Li Yihai, p. 99, issue 4 of Vol. 24, *Yindu Journal*, 2003
80. *History of Western Zhou Dynasty*, p. 161, Yin Shengping, Shaanxi Normal University Publishing House, 2004
81. *Masterpiece Collection of Chinese Calligraphy in Seal and Official Scripts*, pp. 3–4, Zhang Hong, Yuanfang Publishing House, 2004
82. *Research on Excavated Historical Records of Yi People*, p. 375, Chen Binxin & Li Lifang, Anhui University Publishing House, 2005
83. *Thesis Index to Bronze Wares (1983-2001)*, Vol. 1, p. 548, Zhang Maorong & Zhang Zhongli, Hong Kong Man Sek Culture Int'l Press, 2005
84. *Collection of Calligraphy of Pre-Qin Dynasty*, p. 163, Zi Du, Central Compilation & Translation Press, 2005
85. *Inscriptions on Bronzes of Shang and Zhou Dynasties*, p. 241, Wang Hui, Cultural Relics Publishing House, 2006
86. *Yin Jifu's Legacy and Influence in Fang County*, p. 64, Zhang Huatian, Cultural Relics Publishing House, 2006
87. *Inscriptions of Bronze Vessels-The Book of Odes: War Poems-The Verbs Concerning Conquer*, Vol. 43, p. 55, Peng Huixian, Chung Hsing Journal of the Humanities, 2009
88. *Selected Interpretation of Oracles, Inscriptions and Rubbings*, p. 109, Ma Rusen, Shanghai University Press, 2010
89. *Dictionary of Chinese History*, Vol. 1, p. 517, Zheng Tianting & Tan Qixiang, Shanghai Lexicographical Publishing House, 2010
90. *From Huaiyi Ethnicity to Registered Citizenship: Geographic Observation on Ethnical Collision along Huai River in Zhou Dynasty*, p. 137, Zhu Jiping, People's Publishing House, 2011
91. *Du Yansong's Theory on Bronze Wares and Inscriptions*, p. 239, Du Naisong, Shanghai Lexicographical Publishing House, 2012
92. *Textual Research on Inscriptions in Western Zhou Dynasty*, p. 77, Wang Chengyuan, Sichuan University Press, 2012
93. *Inscriptions on Bronze Wares*, Vol. 1, p. 129, Liu Jia, Shandong People's Publishing House, 2012
94. *General Collection of Chinese Calligraphy in Seal and Official Scripts*, p. 44, Si Huiguo, Lantian Publishing House, 2012
95. *Illustrated Collection of Inscriptions on Bronze Vessels of Shang and Zhou Dynasties*, Vol. 25, pp. 595–596, no. 14539, Wu Zhenfeng, Shanghai Ancient Book Publishing House, 2012
96. *About Yin Jifu and His Poems*, Du Zhiyong, p. 65, issue 0, *Shi Jing Yan Jiu Cong Kan*, 2012
97. *A Textual Explanation of Three Characters on Plate Xijia*, Kang Shaofeng, p. 18, issue 1 of Vol. 32, *Journal of Baoji University of Arts and Sciences*, 2012
98. *Interpretation of Selected Inscriptions of Shang and Zhou Dynasties*, p. 259, Ma Rusen, Ma Rusen, Shanghai University Press, 2013
99. *Some Reliable Timing in Western Zhou Dynasty*, Ye Zhengbo, p. 15, issue 1 of Vol. 35, *Yindu Journal*, 2014
100. *A Re-Study of the Meaning 'Mu' in on the Xi Jia Pan, Kang Shengnan*, p. 23, issue 4 of Vol. 16, *Journal of Zunyi Normal College*, 2014

68. 曹者祉《國寶大典》第六三八頁，文匯出版社，1996 年。

69. 雷志雄《中國歷代書法精品觀止篆書卷》第三四頁，湖北人民出版社，1996 年。

70. 周斌《夏商西周時期的區際貿易》,《喀什師範學院學報（第十七卷第三期）》第三三頁，1996 年。

71. 日知《中西古典文明千年史》第四三九頁，吉林文史出版社，1997 年。

72. 汪受寬、高偉《中國歷史文選》第一零四頁，甘肅文化出版社，1998 年。

73. 侯志義《金文古音考》第三二零頁，西北大學出版社，2000 年。

74.《中華歷史大辭典》第二一一一頁，延邊人民出版社，2001 年。

75. 尚秀妍《兮甲盤銘匯釋》,《殷都學刊（第二二卷第四期）》第八九頁，2001 年。

76. 沈柔堅《中國美術大辭典》第五三三頁，上海辭書出版社，2002 年。

77. 張書珩《中國書法全集——篆書全集上》第三六頁，中國檔案出版社，2002 年。

78. 谷溪《中國書法藝術——殷周春秋戰國》第八四號，文物出版社，2003 年。

79. 李義海《〈兮甲盤〉續考》,《殷都學刊（第二四卷第四期）》第九九頁，2003 年。

80. 尹盛平《西周史徵》第一六一頁，陝西師範大學出版社，2004 年。

81. 張弘《中國篆隸名作鑒賞》第三四頁，遠方出版社，2004 年。

82. 陳秉新、李立芳《出土夷族史料輯考》第三七五頁，安徽大學出版社，2005 年。

83. 張懋鎔、張仲立《青銅器論文索引（1983-2001）1》第五四八頁，香港明石文化國際出版有限公司，2005 年。

84. 紫都《先秦書法名作鑒賞》第一六三頁，中央編譯出版社，2005 年。

85. 王輝《商周金文》第二四一頁，文物出版社，2006 年。

86. 張華田《尹吉甫在房縣的遺跡和影響》第六四頁，中國文物出版社，2006 年。

87. 彭慧賢《從西周戰爭銘文再探〈詩經〉征伐動詞》,《興大人文學報（第四三期）》第五五頁，2009 年。

88. 馬如森《甲骨金文拓本精選釋譯》第一零九頁，上海大學出版社，2010 年。

89. 鄭天挺、譚其驤《中國歷史大辭典 1》第五一七頁，上海辭書出版社，2010 年。

90. 朱繼平《從淮夷族群到編戶齊民——周代淮水流域族群衝突的地理學觀察》第一三七頁，人民出版社，2011 年。

91. 杜廼松《杜廼松說青銅器與銘文》第二三九頁，上海辭書出版社，2012 年。

92. 王程遠《西周金文王年考辨》第七七頁，四川大學出版社，2012 年。

93. 劉佳《話說金文上》第一二九頁，山東人民出版社，2012 年。

94. 司恵國《篆隸通鑒》第四四頁，藍天出版社，2012 年。

95. 吳鎮烽《商周青銅器銘文暨圖像集成》第二五冊第五九五至五九六頁，第一四五三九號，上海古籍出版社，2012 年。

96. 杜志勇《尹吉甫其人其詩》,《詩經研究叢刊（第零期）》第六五頁，2012 年。

97. 康少峰《兮甲盤銘文考釋三則》,《寶雞文理學院學報（第三二卷第一期）》第十八頁，2012 年。

98. 馬如森《商周銘文選注譯》第二五九頁，上海大學出版社，2013 年。

99. 葉正渤《西周若干可靠的曆日支點》,《殷都學刊（第三五卷第一期）》第十五頁，2014 年。

100. 康盛楠《兮甲盤"畮"字意義再證》,《遵義師範學院學報（第十六卷第四期）》第二三頁，2014 年。

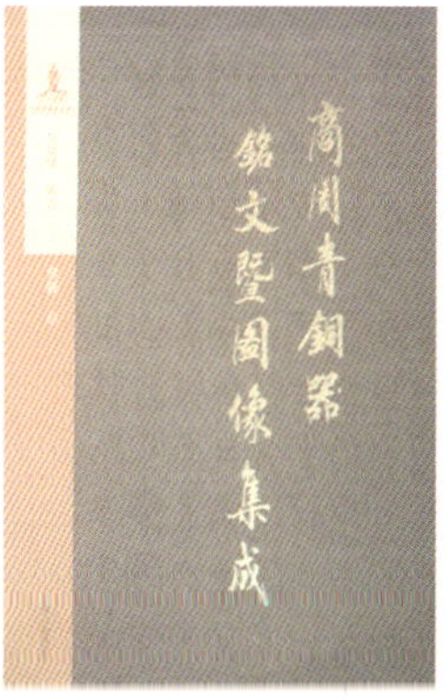

本拍品拍賣時間：2017 年 7 月 15 日晚九時

868

唯一存世南宋宮廷舊藏

西周宣王五年（公元前 823 年）· 青銅兮甲盤

說明：**兮甲盤是宋代宮廷收藏唯一可見之實物，亦是宋代及宋代以前所有記載中唯一傳世之重器，可謂流傳年代最久遠的國寶重器。**（見吳鎮烽文）。

器中銘文一百三十三字，記載中央王朝西周周宣王的歷史，從政治穩定、社會制度、經濟發展多角度記錄一個正在崛起的偉大文明古國。

其出版著述，自南宋初年起，途經宋元明清歷代金石學大家，多達百餘種。

是已知國內拍賣市場中銘文字數最多、出版著述最多，級別最高、分量最重的青銅器。

銘文所記內容，時間、地點、人物、事件齊全，意義簡而概括如下：

一，所涉人物級別之高前所未有。周宣王為西周倒數第二王，開啟了"西周中興"之盛世。國家博物館鎮館之寶"虢季子白盤"即是周宣王所銘，且比兮甲盤要晚七年。

兮甲就是尹吉甫，是當時的軍事家、政治家和大詩人，文武雙全。他是《詩經》的主要編纂人，保留和弘揚了中國早期文化，被認作"詩祖"。

二，記載保衛國土、穩定南北邊疆。兼及與少數民族之關係。兮甲跟隨周王北伐匈奴獲勝，保衛北方國土。又治理南淮夷，維護了王朝東南邊疆的穩定。"虢季子白盤"同樣記錄北伐之事。

三，記載建設法制、完善社會制度。兮甲監督貢賦，規範商貿，嚴明法律，是治理國家的重臣。孔子尚欽周禮，周代之制度也可謂中國後世一切制度的鼻祖。

四，記載開展貿易、絲綢之路萌芽。南淮夷向周的進貢主要是絲織品，線路自黃淮到陝西，即是早期的"絲綢之路"（見郝本性文）。

五，流傳為宋代以來金石學及其他學問之縮影。宋代以降張掄、鮮于樞、陸友仁、吳式芬、陳介祺、吳大澂、羅振玉、王國維、容庚、郭沫若、陳夢家等幾乎所有重要之金石學著作均載此件。另，對文字的興趣不僅興起了金石學，也可謂宋代以後其他學問之開端。

正如王國維所說："此種重器，其足羽翼經史，更在毛公諸鼎之上。"

出版著錄：（參見前頁計百種）。

部分傳承：1. 南宋宮廷收藏。
2. 元李順甫收藏。
3. 元鮮于樞收藏。
4. 清或清以前保定官府收藏。
5. 清陳介祺收藏。

THE FIFTH YEAR OF XUANWANG PERIOD, WESTERN ZHOU DYNASTY A BRONZE PLATE WITH TWO HANDLES, '*XI JIA' PAN*

Provenance : 1. Imperial collection Southern Song Dynasty
2. Li Shunfu, Yuan Dynasty
3. Xian Yushu, Yuan Dynasty
4. Bao Yang Fu, Qing Dynasty or earlier than Qing Dynasty
5. Chen Jieqi, Qing Dynasty

高：11.7cm　直徑：47cm（耳距）

估價待詢

周宣王（？～前 783），姬姓，名靜，一作靖，周厲王姬胡之子，西周第十一代君主，西元前 828 年至前 783 年在位。周宣王繼位後，政治上任用召穆公、尹吉甫、仲山甫、程伯休父、虢文公、申伯、韓侯、顯父、仍叔、張仲一幫賢臣輔佐朝政；軍事上借助諸侯之力，任用南仲、召穆公、尹吉甫、方叔陸續討伐獫狁、西戎、淮夷、徐國和楚國，使西周的國力得到恢復，史稱"宣王中興"。

尹吉甫［西周］，字吉父，一作吉甫，兮氏，名甲，金文作兮甲、兮伯吉父。因擔任官職為周王朝的"內史尹"，又名尹，稱尹吉甫。他是《詩經》的主要採集者，軍事家、詩人、哲學家，輔助周宣王中興周朝。曾奉周宣王命與南仲出征獫狁，獲大勝。後又發兵南征，對南淮夷征取貢物，深受周王室的倚重。留有舉世聞名的兮甲盤。

部分重要著錄出版概覽

宋元

古雖曰周物而商之餘風猶未殄也

周簠　銘二字

簠盛加膳蓋黍稷食用之器也今禮圖所載則內方而外圓穴其中以實稻粱又刻木爲之上作龜蓋制作之異乃如是耶以是考之然知禮家之季多出於漢儒臆度非古制也

周伯匜盤　銘四字

古之彝器多有伯作之銘所謂伯者名耶謚耶伯仲之序耶侯伯之爵耶蓋未可執一而論之也是器足與純緣之下皆著饕餮文鏤簡古其爲周物無疑

周伯吉父匜盤　銘一百三十三字

曰維五年三月既死霸庚寅以年繫月以月繫日也既死霸則如書所謂旁死魄者是也曰從王折首書勳績也曰錫馬駒軒紀君恵也曰敢不用令則即刑載誓詞也伯吉父雖不見於傳記然考其銘識頗有周書誓誥之風宜周家有功之人賜作此器以昭其功耶

周犧尊

是器規撫甚大制作純古其上作兩犧首突起然而起通躰飾以雲雷饕餮真周物也自漢儒釋犧爲沙制器者遂至刻以鳳皇之象其形婆娑然曲從臆斷遷就其義今觀此器知漢儒爲陋矣

周公命鼎　銘二十五字

1. 張掄《紹興內府古器評》卷下，南宋紹興年間（1131–1162年）。

欽定四庫全書

彝家

商父乙鼎銘曰子父乙

商州師卣銘曰州師錫朋具用作父丁尊彝冊

商父辛彝銘曰父辛鼎

周伯吉父槃銘一百三十字　行臺李順甫鬻于市家人折其足用爲餅爐予見之乃以歸予

周鄦 闕 鼎蓋銘十八字

漢鏡二　一尚方一八花透光

2. 鮮于樞《困學齋雜錄》，元（1271–1368年）。

欽定四庫全書

云

趙子昂家智永千文爲湯君載借摹易去一百六十五字

鹿廷臣蓄唐雷迅琴乃貞元三年斲

李順父有周伯吉父槃銘一百三十字家人折其足用爲餅槃鮮于伯機驗爲古物乃以歸之

謝景初師厚知制誥希深之子詩極高豫章黃魯直娶其女自以爲從師厚得句法而師厚之姑寔歸梅聖

研北雜志

3. 陸友仁《研北雜誌》卷上，元（1271–1368年）。

第九冊盤 匜 區 鋘

第一幅

兮田盤

足損

見元人硏北雜志宣王時書魯誓事文出保易官庫

隹唯五季句三月句既死霸魄句庚寅句　一行王初各格

句伐厰玁𤞞狁于𠷎上冈下圖盧疑鸕鸕說文出樂浪潘國

二字地名句兮　二行

田從王句折首執訊句休亡無敃數句王錫兮田句馬三

四匹句駒車句王　三行

令命田政政事也句𤔲司成周三方責積句至　四行

于南淮尸夷句舊我貟員晦人句毋敢不出其貟其責句其

進人　五行

其寊賈句毋敢不卽睞卽𡴓峙可見古不從山句敢　六行

不用令命句則卽井刑𠭰疑朴撲字周禮司市大刑扑罰伐

句其隹唯　七行

我者諸矦百生姓乃賈句毋不卽　八行

峙句毋敢或入𢇍蠻宊宄賈句則亦　九行

井刑句兮白伯吉父作般句其眉壽　十行

萬年無疆句子子孫孫永寶用句

5. 陳介祺《簠齋藏古冊目並題記》第九冊第三一五頁，民國九年（1920年）。

8. 陳介祺《簠齋吉金錄》兮田盤一，鄧實編，民國七年（1918年）。

簠齋藏器目

兮田盤
取慮孖商匜
圅皇父匜
穌甫人匜
黄中匜
周窀匜
陳孖匜
古刀一
古刀二
高陽劍
厰劍

一八

6. 陳介祺《簠齋藏器目》第十八頁，民國二十五年（1936年）。

子爵
一字。
[illegible]爵
陽識。

盤　凡五

兮田盤
下半已缺。
一百三十三字。
字類石鼓，宣王時物也。魯誓事文。
出保陽官庫，見元陸友之《研北雜志》。

簠齋金文題識

六二

7. 陳介祺、陳繼揆《簠齋金文題識》第六三頁，文物出版社，2005年。

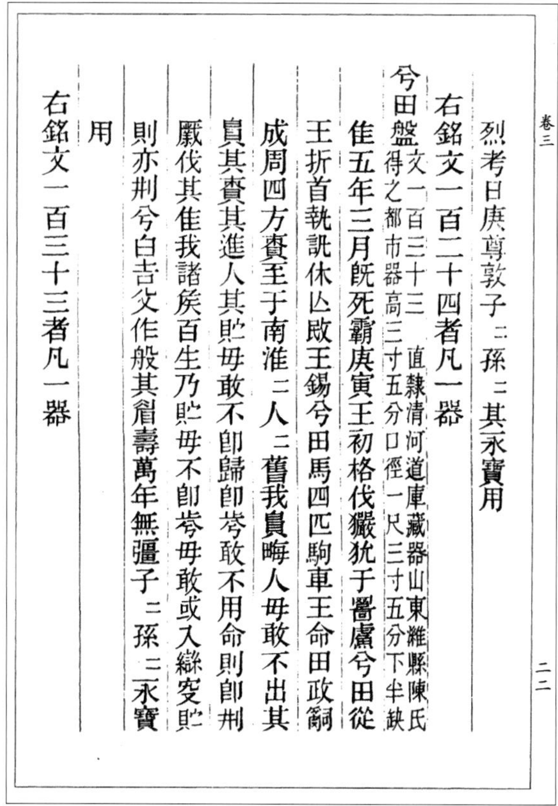

卷三　二二

烈考日庚尊敦子＝孫＝其永寶用

右銘文一百二十四者凡一器

兮田盤文一百三十三　直隸清河道庫藏器山東濰縣陳氏得之都市器高三寸五分口徑一尺三寸五分下半缺

隹五年三月既死霸庚寅王初格伐玁狁于啚盧兮田從

王折首執訊休亾敃王錫兮田馬四匹駒車王命田政嗣

成周四方責至于南淮＝人＝舊我員晦人毋敢不出其

員其責其進人其貯毋敢不卽歸卽岑敢不用命則卽刑

厥伐其隹我諸侯百生乃貯毋不卽岑毋敢或入緣宄貯

則亦刑兮白吉父作般其眉壽萬年無疆子＝孫＝永寶

用

右銘文一百三十三者凡一器

10.吴式芬《攈古録》卷三第二二頁，清宣統二年（1910年）

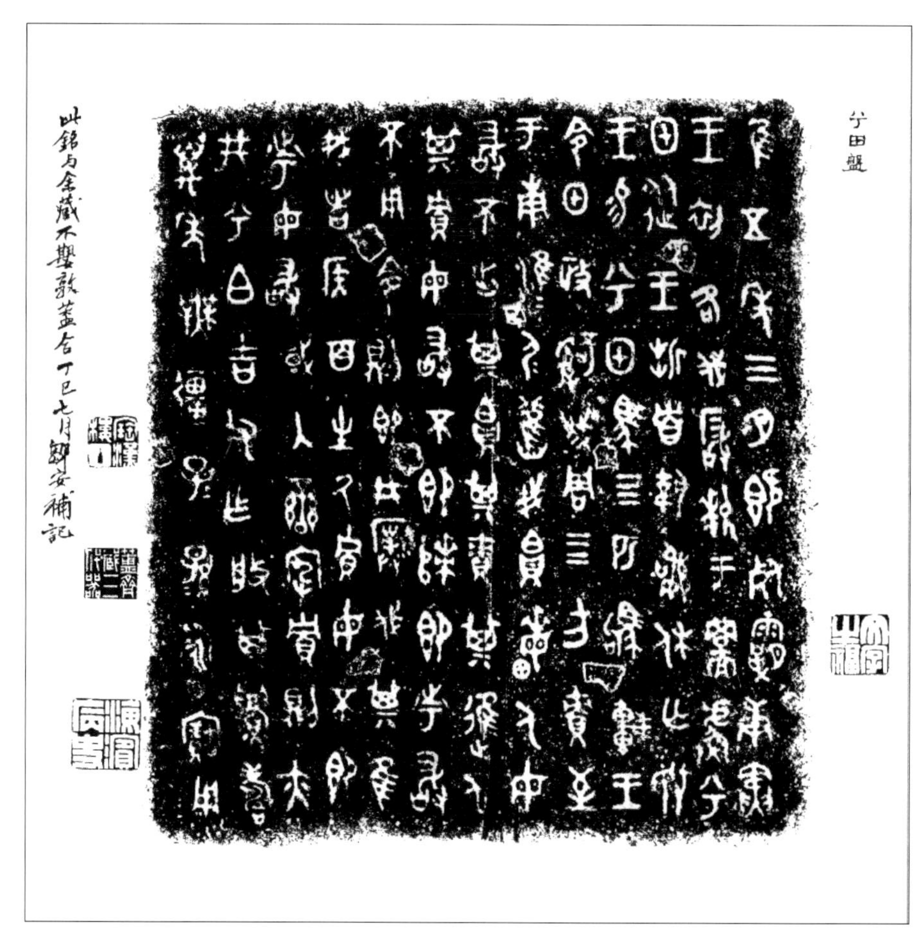

16.鄒安《周金文存》卷四第二頁，民國五年（1916年）。

兮田盤文一百三十三依原本每行分作兩行

隹五年三月

既死霸庚寅

王初格伐玁

狁于𨺅盧兮

田從王折首

執訊休亾敗

王錫兮田馬

四匹駒車王

命田政𤔲成

周四方責至

于南淮人舊

我員畮人毋

敢不出其員

其責其進人

其貯毋敢不

即歸即苓敢

不用命則即

井厥伐其隹

我諸侯百生

乃貯毋不即

苓毋敢或入

蠻宄貯則亦

井兮白吉父

作般其眉壽

萬年無疆子

孫永寶用

翁祖庚說銘中有各伐玁狁語或疑各伐不辭案各乃畧字左傳天子經畧又曰吾將畧地焉又曰晉侯治兵于稷以畧狄土即此義也淮人舊我畺畮人毋敢不出者言淮夷本在版圖之內必不敢不出迎也百生即百姓毋敢或入蠻宄言毋使姦宄入境蠻或是闌之省說文闌妄入宮掖也讀若闌漢書所云闌入也

許印林說陸友仁研北雜志云李順父有周伯吉父槃銘一百三十字家人折其足用爲餅槃鮮于伯機驗爲古物乃以歸之此兮伯吉父槃銘連重文一百三十三字與陸氏所稱合或即其器歟未覩其器不知足有缺否據注云下半缺即當日折足餅槃未可定也

陳壽卿說三足並坐俱缺即困學齋器也

右銘文一百三十三者凡一器

11. 吳式芬《攈古錄金文》卷三第二冊第六七至七十頁，清光緒二十一年（1895年）。

兮伯吉父盤

隹五年三月既死霸庚寅

王初格伐厰㺸于嚣盧兮田從王折首執訊休亡敃王錫兮田馬四匹駒軒王令田政嗣成周四方積至于南淮=夷=舊我貟畮人毋敢不出其貟其積其進人其貯毋敢不即餗即㞢敢不用命則即井㒒伐其惟我諸侯百姓乃貯毋不即㞢毋敢或入蠻宄貯則亦井兮伯吉父作般其眉壽萬年無疆子=孫=永寶用

右兮伯吉父盤銘一百二十二字見元人研北雜志後入保定官庫今為陳壽卿編修所藏據拓本摹入厰㺸字與虢季子白盤銘同說文作㺸引易曰㺸升大吉蓋孟氏古本如此說文無嚣字从㗊當亦嚣嚣之類地名嚣盧疑漁師取魚之所困从口从才說見宣遣敦駒軒亦見伯晨鼎詩漢廣言秣其駒傳五尺以上曰駒株林乘我乘駒箋馬六尺以下曰駒周禮鄭司農注馬二歲曰駒爾雅玄駒郭注小馬別名今按馬能駕車似非小馬當以毛鄭義為合周禮大司徒歲終則令教官正治而致事政嗣猶言正治積委積也周禮大賓客令野脩道委積鄭注少曰委多曰積言令兮田主成周四方之積貯至于南淮夷之境也貟畮亦見師寰敦壽卿釋貟為貢兮即㞢之古文書費誓㞢

乃糗糧史記魯世家作峙說文峙躇也井即刑之古文禮記王制刑者侀也侀者成也一成而不可變說文無侀字井部荆罰辠也从井从刀刀部刑剄也从刀开聲周禮小司寇注引王制釋曰上刑為法下侀為著謂行法著人身體雷深之曰依古當作荆者刑也刑者成也濬益按荆字从刀已包斬殺之意刑乃後出之字今則刑字通行而荆字久廢豈知古止有荆謹以此文則古文又作井益井者法也罰有重輕必衷於法也說互詳師虎敦釋㒒伐即宗周鐘之戮伐㒒右偏有殘畫未審所从蠻古止作䜌為貢馬融注蠻慢也鄭注蠻之言緡也左氏昭公十六年經楚子誘戎蠻子殺之公羊作戎曼子顧氏日知錄曰金石錄有宋公䜌餗鼎銘云按史記世家宋公無名䜌者莫知其

為何人今攷左傳宋元公之太子欒嗣位為景公漢書古今人表有宋景公兜欒而史記宋世家元公卒子景公頭曼立是兜欒之音訛為頭曼而宋公䜌即景公也濬益按據此可證古讀䜌為蠻兜欒頭曼聲近通假亦非訛也說文宄姦也外為盜內為宄从宀九聲讀若軌古文㚬从又九聲又古文窓从宀从心九聲此文作变虞書寇賊姦宄牧誓以姦宄于商邑史記皆以軌為之釋名宄佹也佹易常正也漢書元后傳詭正非常又通作詭此文以兮伯吉父從王伐獫狁有功王錫以車馬使司積貯之事因為命以示淮夷之辭按左氏莊公三十一年傳凡諸侯有四夷之功則獻於王王以警於夷杜注警夷謂以警懼夷狄此盤銘所書用此禮也

13. 方濬益《綴遺齋彝器款識考釋》卷七第七至十頁，民國二十四年（1935年）。

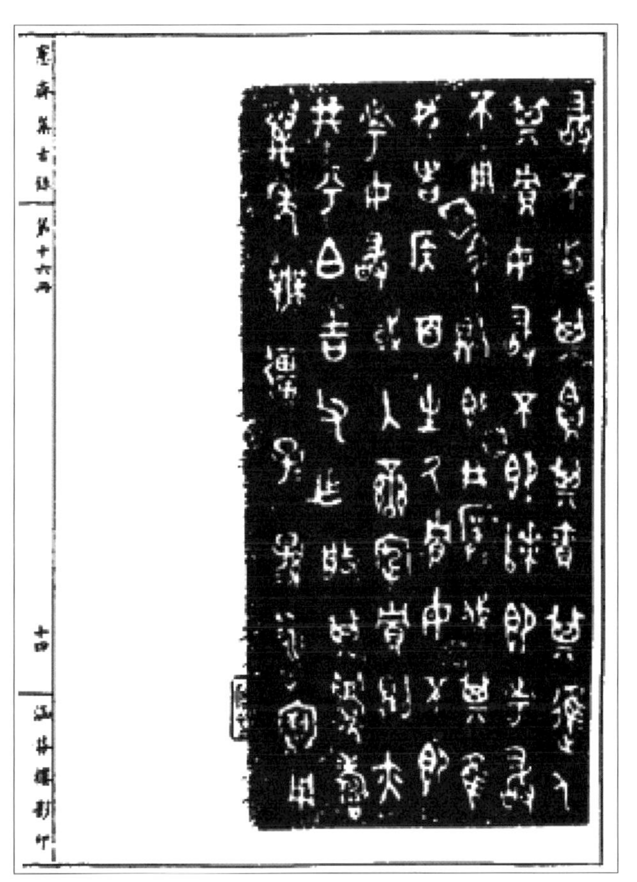

12.吴大澂《愙齋集古錄》卷十六第十三至十四頁、民國七年（1918年）。

兮田盤

隹五年三月既死霸庚寅王初各格伐厰玁𢽎狁于
𠧟䖍兮田從王折首執訊休亡敃王易錫兮田馬三
匹駒車王令田政𤔲成周三方責積至于南淮＝尸
＝讀爲夷舊釋爲人誤今從吳大澂釋南淮尸見前仲偁父鼎師寰敦詳前𢽎尊 舊我員晦
人毋毌敢不出其員其責其進人其賓毋敢不即師
舊釋爲歸今從吳大澂釋 即𠂿敢不用令則即井刑 𠩵云戮宗周鐘戮伐乃
都義同吳大澂讀爲刑朴句非是 伐其隹我者諸侯百生姓乃賓毋
不即𠂿毋敢或入蠻闌宄賓則亦井兮白吉父作般
盤其眉壽萬年無疆子＝孫＝永寶用案此盤前紀

從伐玁狁有功受賜後記王命治積四方至于南淮
夷事𠧟䖍地名二字皆不見於說文古啚與否通後
𠭯邦盦都啚作州者省否三之三 此啚字疑啚之異文䖍
䖍之省周禮天官𩵋人釋文𩵋音魚本又作魚亦作
𩵋同又音御𤕩𩵋即古漁字又與御虞字通故說文
竹部籞或作𩵋同又引左傳澤之舟籞左昭二十年
傳作舟𩵋今本作鮫誤 呂氏春秋上農篇作舟虞聲並相
近此䖍亦當讀爲虞說文古籀補齊侯鎛鐘保䖍兄弟亦作此字疑借爲御字亦與此義小異 但古書未見不知爲何地耳訊與師寰敦𢽎
季子白盤同當釋爲訊詳拾遺敔敦 吳釋並作訊非是

又云王令田政𤔲成周四方責政征字通責積之省
謂征斂委積之事若周禮地官之委人云至于南淮
＝尸＝舊我員晦人此與師寰敦淮尸繇遹我員晦
臣文義並同舊並釋爲貝古無此字案當爲貫之異
文貫古文或从兩貝前南宮鼎作𩰫是也說文三之一說文貝部別
有賏字从二貝與此異平列 此文从𠮛乃貝之省說文攴部敗古文从賏作𣪠而
薛款識齊侯鎛鐘敗乃靈師敗字作𣪠是貫賏二字可互易也 貫晦即畎畮田俗又
作串詩大雅文王云串夷載路串夷鄭箋謂即混夷
孔疏引尚書大傳作畎夷是貫畎二字相通之證前
之三喪史𦣻鉼有𦣻字从宀从員亦當爲貫疑即實字之異文舊釋爲賓亦不塙前二之二仲幾敦賓字

作周亦變貝爲𠙵可證說文毌部云毌穿物持之也从一橫貫象寶貨之形凡作𠙵者即象寶貨形但無貫之爾此从𠙵蓋小異 下云其貫其責其進人其賓亦言其在
畎畮者委積者責積之省貯庤者惟進人二字不可解疑
進爲賮之借字人當爲乃范鑄不審偶類人字下文
亦云乃賓可證𠂿字兩見舊釋爲岑說文無此字竊
謂當即市之古文說文冂部云市買賣所之也市有
垣从冂从乙象相及也乙古文及字㞢省聲此上从
㞢即之省中从川即冂之變下从ㄱ即乙之變也謂
其貫其責以下諸事無有不就率從不就市易者也
下文其隹我諸侯百姓乃賓毋不即市則專舉積貯

市易言之文義亦同又云毋敢或入蠻宄賓宄當讀
爲𠩵說文宀部宄古文作𡧍此从宀从攴文更繁縟而广部𠩵
古文作𡧐从九聲類同得相通借此謂或𠩵或貯皆
毋許人闌入也吳引翁同書說謂毋使姦宄入境非
是

卯敦三之三

隹王十有一月既生霸丁亥𢻫季入右卯立中廷𢻫
白伯乎評令卯曰䣭𤔲乃先且祖考死尸𤔲治𢻫公
室昔乃且亦既令乃父死𤔲𦰩京人不盄弔我家室
用器從嚴可均釋今舊釋爲喪誤 今余非敢夢先公又有隹𢓊

14.孫詒讓《古籀餘論》卷三第三五至三七頁，民國十八年（1929年）。

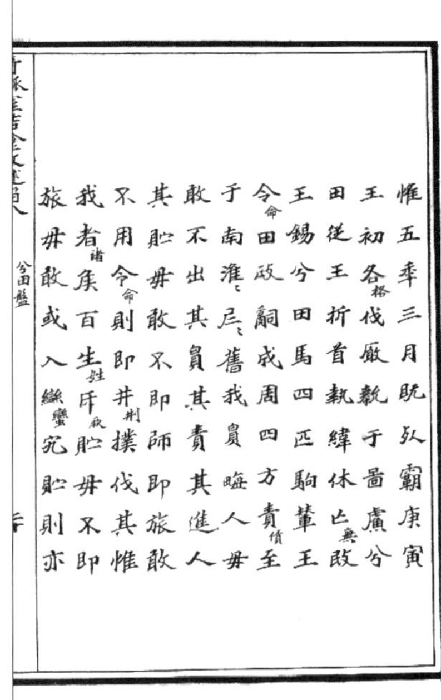

惟五秊三月既死霸庚寅
王初各(格)伐厥敎于啚盧兮
田從王折首執訊休亾(無)敃
王錫兮田馬四匹駒車王
令(命)田政嗣成周四方責(債)至
于南淮〻尸〻舊我員畮人毋
敢不出其員其責其進人
其貯毋敢不即師即旅敢
不用令(命)則即井(刑)撲伐其惟
我者(諸)侯百生(姓)氒(厥)貯毋不即
旅毋敢或入䜌(蠻)宄貯則亦

兮田盤

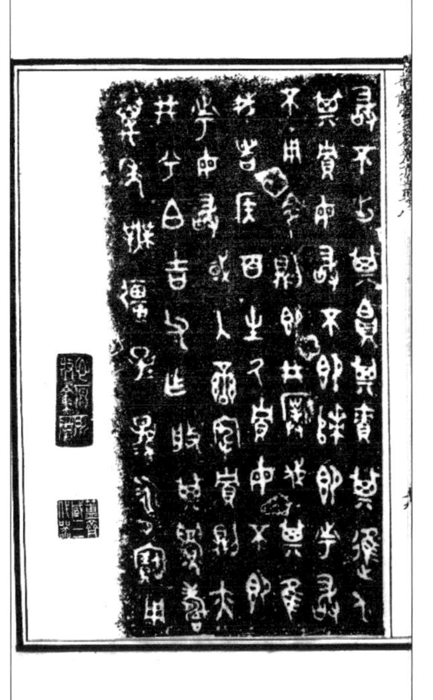

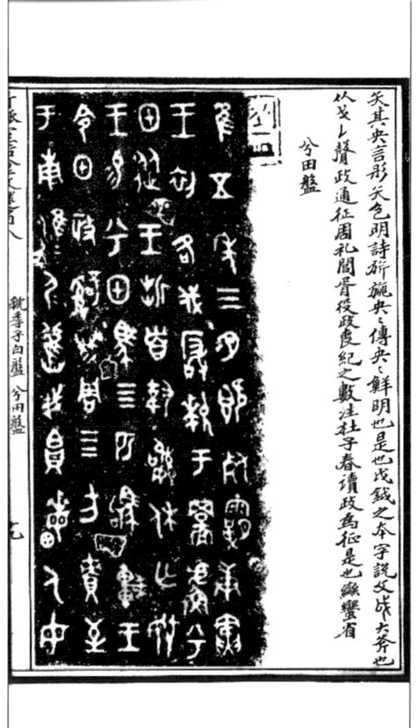

矢其央言彤矢色明詩旂旐央〻傳央〻鮮明也是也戉鉞之本字說文戉大斧也
从戈乚聲政通征周礼閭胥役政喪紀之數注杜子春讀政為征是也䜌蠻省

兮田盤

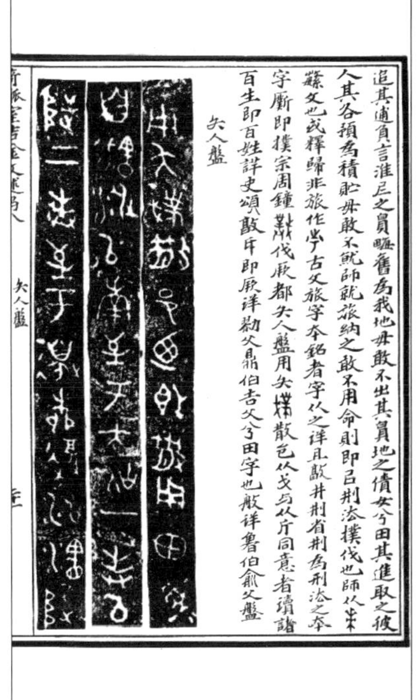

追其逋負言淮尸之員畮舊為我地毋敢不出其員地之債兮田其進取之彼
人其各預為積貯毋敢不就師就旅納之敢不用命則即吕刑法撲伐也師从朿
蘇文也或釋歸非旅作㫃古文旅字本銘者字从之詳𠭯敦井刑省刑為刑法之本
字厮即撲宗周鐘𦒢伐厥都矢人盤用矢𤔲散邑从戈与从斤同意者讀諸
百生即百姓詳史頌敦氒即厥詳𠭯父鼎伯吉父兮田字也般詳魯伯俞父盤

矢人盤

井(刑)兮伯吉父作般其賢壽
萬秊無彊子〻孫〻永寶用

右陳壽卿器銘百二十九字淮尸子孫重文各一攈古録三之二引許瀚說陸友仁研北
雜志云李順父有周伯吉父槃銘一百三十字家人折其足用為餅槃鮮于伯
機驗為古物乃吕歸之此槃銘連重文一百三十三字与陸氏所稱合或即其器歟
陳壽卿說三足並坐俱缺即困學齋器也各伐翁祖庚讀略伐今從吳子苾讀
各為格案荀子議兵格者不舍注格謂相拒捍者後漢書陳寵傳箸格注引
說文格擊也今說文格下無此解惟挌下有之知格殺格鬥字本作挌今皆用格
矣厥敎緯詳前器圖盧地名無攷盧詳盧龢敃詳仲師父鼎責即債詳頌
鼎尸𡰥為之譯宿姬鬲員畮地名蒲海有員字音買當即此師寰敦云淮尸
謠我員畮臣今敢博厥眾叚反厥工事弗迹我東國知員畮為淮尸所隹今

15. 劉心源《奇觚室吉金文述》卷八第十九至二一頁，清光緒二十八年（1902 年）。

觥作兕形尊作犧象形是也湩陽端氏有飛燕角其蓋作燕張翅之狀阮文達公所藏子燮兕觥其器今不可見文達謂如爵而高大又謂其制無雙柱無流同於角有三足同於爵故以毛傳釋為角爵之兕觥當之不知兕觥即今估人所謂虎頭匜阮氏之器則宋以後所謂角也阮氏角蓋作犧形此角蓋作象形蓋古酒器多狀犧象不獨酒尊為然矣壬戌歲不盡四日

兮甲盤跋

此張掄紹興內府古器評所謂伯吉父盤是也元時在鮮于伯幾家今藏濰縣陳氏彝器中紀伐玁狁事者三一合肥劉氏所藏虢季子白盤一上虞羅氏所藏不嬰敦一即此盤也云隹五年三月既死霸庚寅此宣王五年三月廿六日余曩作生霸死霸考考定古者分一月之日為四分自朔至上弦為初吉自上弦至望為既生霸自望至下弦為既望自下弦至晦為既死霸據長術宣王五年三月乙丑朔廿六日得庚寅與此盤云既死霸合云王初各伐厰𤞷于𩁹𢉖者厰𤞷虢盤與不嬰敦並作厰允即玁狁之本字𩁹𢉖地名𩁹字雖不可識然必為从冈畐聲之字𢉖則古文魚字以聲類求之𩁹𢉖疑即春秋之彭衙矣周禮天官𩾲人釋文本或作魰𩾲魰同字知𢉖魚亦同字矣古魚吾同音故往往假𢉖𩾲為吾齊子仲姜鎛云保𢉖兄弟保𢉖子姓即保吾兄弟保吾子姓也沇兒鐘云𩾲以晏以喜即吾以晏以喜也敦煌唐寫本商書魚家旄孫于荒日本古寫本周書魚有民有命皆假魚為吾史記河渠書功無已時兮吾山平吾山亦即魚山也古魚吾同音衙从吾聲亦讀如吾𩁹𢉖與春秋之彭衙為對音𩁹彭音相近𢉖衙則同音字也史記秦本紀武公元年伐彭戲氏正義曰戎號也蓋同州彭衙故城是也𢉖戲二字形相近彭戲蓋彭𢉖之偽矣彭衙一地在漢為左馮翊衙縣正在洛水東北玁狁寇周恒自洛向涇周人禦之亦在此閒虢季子白盤云搏伐厰𤞷于洛之陽此盤云王初各伐厰𤞷于𩁹𢉖其用兵之地正相合矣兮田者人名田字中縱橫二筆不與其邊相接與田字迥殊殷虛卜辭有此字余定為甲字（見余殷卜辭中所見先公先王考）此亦甲字也甲者月之始故其字曰伯吉父吉有始義古人名月朔為吉月以月之首八日為初吉是其證也甲字吉父上云兮甲從王下云兮伯吉父作般前對王言故稱名後紀自己作器故稱字也此兮伯父疑即詩小雅六月之吉甫詩云文武吉甫吉甫宴喜大雅兩云吉甫作誦而不舉其氏毛公始加尹字蓋尹其官兮其氏也今本竹書紀年繫六月尹吉甫伐玁狁事於宣王五年不知何據此盤所紀亦宣王五年三月事而云王初各伐蓋用兵之始未能得志下云王命甲政𤔲成周四方責至於南淮夷責讀為委積之積蓋命甲徵成周及東諸侯之委積正為六月大舉計也此盤當作於三月之後六月之前吉甫奉使成周之時其淮夷舊我帛畮人以下乃告淮夷及東方諸侯百姓之辭字雖不可盡識而大意可知其文法亦與周書費誓相同此種重器其足羽翼經史更在毛公諸鼎之上余既考其事入玁狁考中更錄舊文并補舊考所未備者書於此拓之下辛酉季冬除夕前五日

齊國差𦉜跋

此西清古鑑中物今從奉天移藏武英殿已非復天府所掌舊無拓本此從歸安金鞏伯乞得人閒不過數紙也此器阮文達據上海趙謙士太常家拓本著錄銘後尚有文官十斗一鈞三斤八字謂係漢人鑿款今拓無此八字而七斗一鈞三斤卻與此器容積輕重相似當告鞏伯再就器上覓之阮書文官十斗乃大官七斗之訛漢表無文官十斗亦當作一

17. 王國維《觀堂集林·別集》卷二第八至十頁，中華書局，1959年（是文作於1921年）。

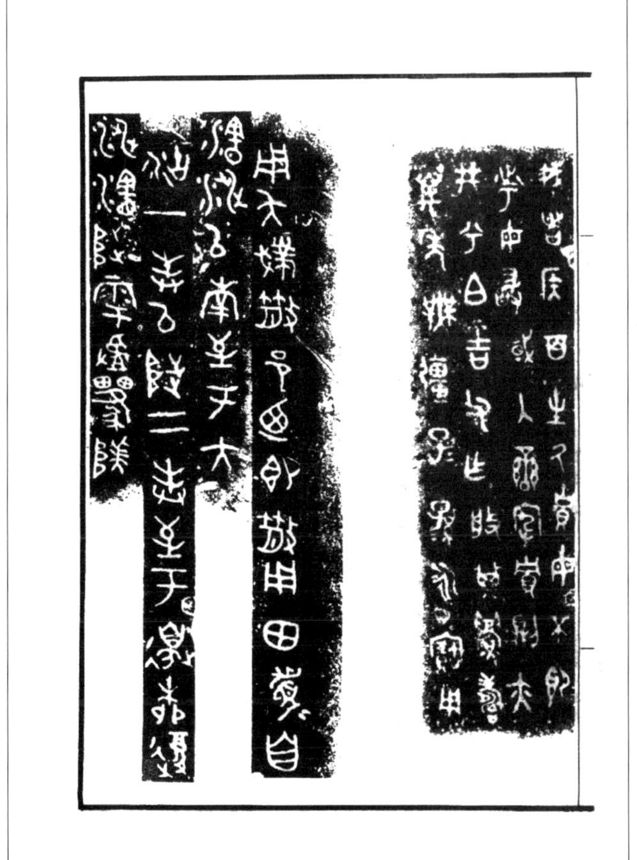

25. 羅振玉《三代吉金文存》卷十七第二十頁，民國二十六年（1937 年）。

與甘誓湯誓同其康厲

爽竊（王云竊與闢同謂閑入也）鋝千罰千西宮襄武父則誓厥為

圖（言疆界既定乃為之圖防其侵軼也）矢王于豆新宮東廷（王云矢儕王號亦見他器嘗見鼎銘曰矢王作寶尊鼎又見尊銘曰矢王作寶尊〔〕此下約闕半行）厥左執縷（要）

（要謂誓約也）史正仲農（郛云史正官名仲農人名别有史農觶）

兮伯盤銘○○

唯五年三月既死霸庚寅王初格伐厰（玁）䊤（狁）于䍐

䱹（王謂䍐䱹即春秋之彭衙亦即秦本紀之彭戲氏）兮甲從王折首執訊休

亡敃王錫兮甲馬四匹駒車王命甲政（征）嗣成周四

方積（孫云謂征斂委積之事）至于南淮夷淮夷舊我員（貝）晦人

毋敢不出其貝其積其進人其貯（左傳卅三年傳居則具一日之積）毋敢不即餗（次）即

（[illegible]帛菜新見人謂以人入使中[illegible]茲夷人入侯錫于城王作皀）

𡈼（孫釋市）敢不用命則即刑𢦏（戰）伐其唯我諸侯百姓

厥貯毋不即𡈼毋敢或入蠻宄（宄）貯則亦刑（翁云說文闌妄）

（入宮掖也讀若闌郭增訓為室）兮伯吉父作盤其眉壽萬年無疆子

孫孫永寶用

㝨叔多父盤銘○

㝨叔多父作朕皇考季氏寶𠤳（盤）用錫純彔受害（介）

福用及孝婦嫼氏百子千孫（孫重文不重讀）其事㡭多父

眉壽考使利于辟王卿事師尹倗友兄弟諸子婚媾

（媾）無不喜曰㕓右父母（吳北江先生曰漢碑吳不淑今本此）多父其孝

子（子孫猶禹鼎〔〕禮記緇衣以子愛百姓王引之云愛百姓也）作茲寶𠤳子孫

永寶用（以福考事友喜母子為韻）

虢季盤銘○○○

唯十又二年正月初吉丁亥虢季子白作寶盤（張石匏云）

（史記周本紀宣王不修籍千畝虢文公諫注賈逵曰文公文王母弟虢仲之後為王卿士韋昭云文公虢仲之後西虢也此云虢季子伯定為虢仲之後不知即文公其人否詩小雅六月序謂宣王北伐而從臣稱尹吉甫於此知子伯亦與有其功者余云虢有三曰東虢今鄭州滎陽縣曰南虢鄙上陽今陝州曰）

19. 于省吾《雙劍誃吉金文選》卷上三第二四至二五頁，民國二十三年（1934 年）。

夨字數見皆不稱王而唯王九
月亦不稱夨則夨非王國明矣 王于豆新宮東廷 猶于
在也豆地名上
有豆人虞丂 厥佐執要史正中鬲 要約也字本作縷从要从糸史
正其事于鬲以示不渝中謂簿書也鬲本作㽙有
似于農郭讀爲仲農以爲人名然彝器銘尾署名者
極少且農鬲本同字師趛鼎作文父聖公文母聖姬
尊彝以彝爲鬲又𦉜鬲𦉜肈家鑄作𩱛字亦从辰是
此字釋鬲不誤也又謂中不作[illegible]則是仲字然古
稱仲子以其居中而名中仲本一字楚中子化盤辛
中姬鼎仲字皆作[illegible]而𡭴敦宮中念器衹作中是
古人亦不拘拘一律也○此古代典制文字事緐而
詞覈法度森嚴壁壘部勒一絲不亂與禹貢周官同
體非大手筆不能爲曾氏雜鈔所立典志一門當奉
此等爲圭臬也

兮甲盤○

唯五年三月既死霸庚寅王初格伐厥玁狁 玁狁 于𠣬
𠣬兮甲從王折首執訊休亡敃 休有成功無愍 王錫兮甲馬
四匹駒車王命甲政 正 𤔲 治 成周四方責 責即積字與貯通頌
鼎官𤔲成周貯與此同此云政𤔲
即死𤔲也是時已不肯用死字矣 至于南淮夷南淮
夷舊我員畮人毋敢不出其員 員謂賦入 其責其進入其
貯毋敢不即𠂤 次 即市敢不用命則即井 刑 𢦚伐其
唯我諸侯百生 姓 厥貯毋不即市毋敢或入𦆞宄貯
𦆞宄者闌入不法之貨財七字句 則亦刑兮伯吉父作般 盤 其壽萬
年無疆子二孫永寶用

虢季子白盤○○

唯十有二年正月初吉丁亥虢季子白作寶盤 虢季氏也

18. 吳闓生《吉金文錄》卷四第二六頁，民國二十二年（1933年）。

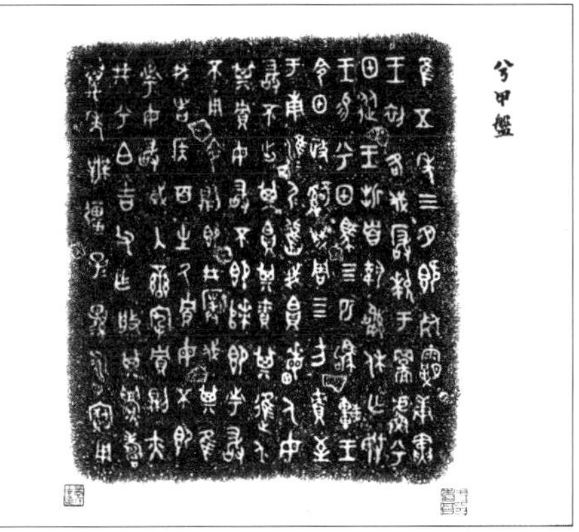

20. 郭沫若《兩周金文辭大系圖錄考釋》第一三四頁，第一四三至一四四頁，民國二十四年（1935年）。

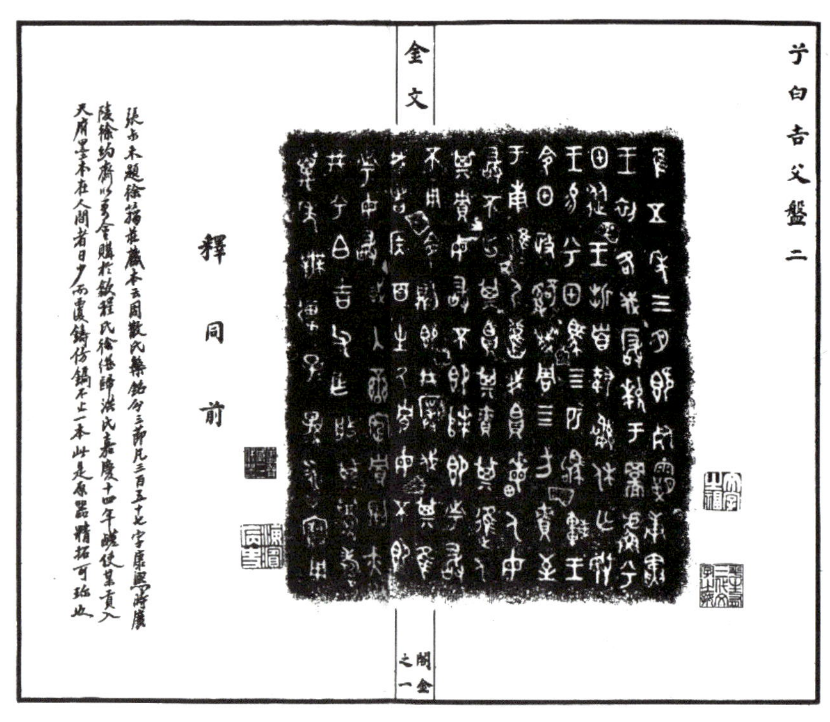

21. 劉體智《小校經閣金石文字拓本》卷九第八四頁，民國二十四年（1935 年）。

兮田盤

右兮田盤文一百三十三西周末葉器兮氏田名田字即甲之異文中不連接卜詞上甲字同此詳觀堂師所釋劉幼丹先生釋師旅二字甚碻不易貢晦即帛畝近人戴君家祥說亦詳實可從

仲兒盤

右仲兒盤文十三西周初葉器仲兒人名臣人疑謂仲兒之臣也有聀聀字从耳从戈似馘字省文言所俘獲者如他器所云俘金之類聀下疑冶字異文冶以金即謂鑄器事

寰盤

右寰盤文一百一西周末葉器此器文舊釋甚詳唯奠伯之奠當以解爲謚

二

22. 柯昌濟《韡華閣集古錄跋尾》壬篇第二頁，民國二十四年（1935 年）。

散氏盤三跋

一九五一年一月三十日

盤銘云：『自濡涉，以南至于大沽，一𡉚。以陟，二𡉚，至于邊柳。』以下𡉚字屢見，舊誤釋爲表，金石萃編卷弍引吳穎芳說釋爲封，拾陸葉 劉心源亦釋爲封，奇觚㝛之廿叁下 是矣。惟劉謂𡉚即封字，則未諦。以字从収从丰核之，蓋𡉚乃奉之初字也。字从収，丰聲，小篆復加手旁，則與从収義複。余曩謂會意形聲字後復加形旁者，必患義複，如益加水旁作溢則重水，字見說文 困加木旁作梱則重木，用俞氏兒笘錄說 皆其切例也。奉封音同，銘文假𡉚爲封耳。萃編又引吳明徵說釋爲奉，以字形論，爲得之矣。汗簡有𡉚字，釋奉。鄭珍云：省丰聲，移手在上。余疑其字當與銘文同，丰手二字形近，誤摹丰爲手，鄭據誤文說之也。

盤銘云：『凡十又五夫正眉矢舍散田。』按孟子滕文公上篇云：『夫仁政必自經界始。經界不正，井地不均，穀祿不平。』此銘之正，即孟子正經界之正，正經界今語言定疆界。定字本从正聲，正古音如定，然則今言定彊界，恰是古人之正經界也。眉矢舍散田者，眉田或當甚廣，此專指眉田中矢予散之一部分言之，猶言矢予散之眉地田也。

又云：『氒受圖矢王于豆新宮東廷。』受讀爲授，授圖矢王謂授圖之矢王，抑或矢王授圖之倒文。授田者爲矢，則授圖者亦當爲矢，或釋授圖於矢王，非也。頃來，余以此銘授湖大史學系諸生，得此諸義，記之云爾。

兮甲盤跋

一九四二年九月一日

憲齋集古錄第拾陸冊拾叁葉下載兮伯盤，銘文云：『隹五年三月既死霸庚寅，王初各伐𤞤𤞤于𨰸𢼸，兮甲從王，折首執訊，休亡敃。王易兮甲馬四匹，駒車，王命甲政𤔲成周四方責，至于南淮夷。淮夷舊我𧶠晦人，毋敢不出其𧶠其責，其進人其貯，毋敢不即𧻚即𡴚，敢不用命，則即井𢦔伐。其隹我者侯百生，氒貯毋敢不即𡴚，毋敢或入𢆶宄貯，則亦井。』按『王命

三四～三五

三六～三七

三六～三七

27. 楊樹達《積微居金文說》卷一第三五至三七頁，科學出版社，1952年（是文作於1942年）。

伐淮夷事，亦一異也。

兮白吉父盤 宋張掄紹興內府古器評卷下頁十　攈古卷三之二頁六十七　奇觚卷八頁十九　清陳壽祺蓋齋吉金錄冊三頁十八　愙齋冊十六頁十三　周金卷四頁二一　一作兮甲盤　一作兮田盤

隹五年三月既死霸庚寅，王初各（格）伐玁狁於䍐盧。（中略）兮白吉父作盤。（下略）

按麻譜：宣王五年（公麻前八二三年，即入甲申統以來八百二十一年），閏餘二，大餘四十二，小餘二。正月小，丙寅朔，既死霸二十六日得庚寅，與盤銘密合。

又按：王先生生霸死霸考，亦定此器為宣王五年之器。

此器記伐玁狁，而詩小雅記伐玁狁之詩，皆宣王時詩。故此器之五年，為宣王五年，殆不容有疑。此「兮吉父」，王先生謂即詩之「尹吉父」。其言曰：「兮伯吉父，疑即尹吉父。今本竹書紀年有一條，謂『尹吉甫伐玁狁，在宣王五年』。今本竹書紀年歲月固極紛亂，然此條乃舊本之遺也。詩記尹吉甫伐玁狁在六月，此云『王初各伐玁狁』，而年月在三月，則是第二次用兵在三月，第二次用兵在六月，亦甚符合也。『尹』者，官名。而『甲』者，其名也。國語有辛甲。」清華周刊王靜安先生金文講授記。其說是也。疇昔相傳，皆云「尹吉甫」，而此銘獨云「兮白吉父」者，此有三點可以解釋：

其一，詩大小雅所記，皆止云「吉甫」，如六月云「文武吉甫」，「吉甫燕喜」；崧高云「吉甫作誦，其詩孔碩」；烝民云「吉甫作誦，穆如清風」，皆未嘗言「尹吉甫」。惟六月之詩毛傳云「吉甫，尹吉甫也」。崧高之詩毛傳同。是於「吉甫」之上加「尹」字者，最初始於毛傳，古無是也。此後「尹吉甫」三字連稱始漸普，如楊雄法言學行篇云「正考夫嘗晞尹吉甫矣」，漢書人表亦作「尹吉甫」。作詩序者晚出，本毛傳說而實言之，遂於崧高、烝民、韓奕、江漢四詩，皆直云「尹吉甫美宣王也」。但「吉甫」之上，冠以「尹」字，是否有當？尚無明證，或根本繆誤，亦未可知，此一說也。其二，詩大雅崧高序鄭箋云「尹，官氏」。王符潛夫論志姓氏篇云：「尹者，本官名也。」廣雅釋詁「尹，官也」。是「尹」即節南山「赫赫師尹」，常武「王謂尹氏」之「尹」。亦即書大誥「告我友邦君越尹氏、庶士、御事」之「尹」。以大誥及常武之詩考之，則尹氏亦為總干師旅之官。吉父伐玁狁，為大將，宜居是職。官尹氏者，後皆以尹為姓。詩都人士「謂之尹吉」，鄭箋「尹氏、吉氏，周室昏姻之舊姓也」。故春秋左氏傳成公十六年有「尹武公」，襄公三十年有「尹言多」，昭公二十三年有「尹圉」「尹辛」等，皆周之大夫。或即尹白吉父之後？漢人於「吉父」之上，冠以「尹」字，或以吉父嘗為尹氏之故，此說或遠有所本，此又一說也。其三，以聲類勘之，尹，廣均「余珍切」，集均均會並「庾準切」。兮，廣韻「胡鷄切」，集均均會並弦鷄切。尹在喻紐，兮在匣紐，字不同母。然「兮」又通「猗」，書秦誓「斷斷猗，無他技」，禮記大學引作「斷斷兮，無他技」。詩伐檀「河水清且漣猗」，漢石經作「河水清且漣兮」，可證。漪，廣均「於離切」，集均均會並於宜切，字在影紐，亦不同母。然此「尹」「兮」「漪」三字，實同紐字，不特影曉喻匣皆係喉韻，且「兮」「猗」既係互通，則聲紐自可互轉。故從「兮」聲之「訡」，廣均云「於米切」，則亦在影母矣。「尹」在喻母，然從「尹」聲之「伊」，廣均云「於脂切」，則又在影母矣。以此知「尹」「伊」「兮」「訡」「猗」皆係一聲互轉，此又一說也。凡此三說，皆足以見此作器者之「吉父」，即詩大小雅之「吉甫」，為先師之說之左證。而尤以第二說為最近。不特此器五年，為宣王五年，可以決知，且小雅采薇、六月、出車諸詩，亦可考定其時日矣。

附 弡張仲簠 考古卷三頁四十二　復齋頁十九　薛氏卷十五頁四　攈古卷三之一頁三十三

弡中作寶簠，（中略）用饗大正，歆王賓，（中略）諸友飤具飽。弡中弆壽。句讀從先師兩周金文韻讀。

按此「弡仲」，先秦人集詩經者，譯寫作「張仲」。宋人歐陽修、劉敞、呂大臨、王厚之、薛尚功……以至於清阮元、吳

24. 吳其昌《金文曆朔疏證》卷五第十六至十八頁，民國二十五年（1936 年）。

王中興氣象相符。準上以及其他旁證，余得斷定此器必屬于宣世。'其說可信。文侯之命乃平王時作，不能妄以屬之成王。更以此鼎與獻侯鼎之器形，花紋，字體三者相比，則成王之說可不攻而自破矣。

番生簋蓋（附圖二：十六）　此與毛公鼎銘相似。

師匌簋　此亦與毛公鼎銘相似。器作于元年二月既望庚寅。

兮甲盤（附圖下八三九）　此器作于五年三月既死霸庚寅。紀格伐玁狁事。兮伯吉父卽詩小雅六月之吉父。

兮吉父簋（古鑑廿七：廿五）　兮吉父卽兮伯吉父。

虢季子白盤（附圖下八四一）　此器作于十二年正月初吉丁亥。銘云'博伐厥皶'，與詩小雅六月'薄伐玁狁'合。

召伯虎簋（附圖下二一一）　此器作于五年正月己丑。召伯虎卽詩大雅江漢之召虎。

召伯虎簋二（形狀同前器）　此器作于六年四月甲子。

師𠭰簋二器（附圖下三三四）　銘云'宰琱生內右師𠭰。'琱生見于召伯虎簋二器。

無叀鼎（附圖下七三）　銘云'司徒南仲右無叀內門立中廷'，卽詩小雅出車及大雅常武之南仲。

師寰簋二器（陶齋二：十二）　紀正淮夷事。'淮夷繇我員晦臣'，與兮甲盤'淮夷舊我員晦人'，文句略同。

虢季氏子組簋三器（陶齋續上卅五）　與師賓簋形狀花紋相同，與虢季子白盤乃一家之物。

虢季氏子組壺（附圖下七二九）　與前器爲一人所作。

頌鼎三器（附圖下七一）

頌簋六器（陶齋二：七，又善見彝寶圖八六）

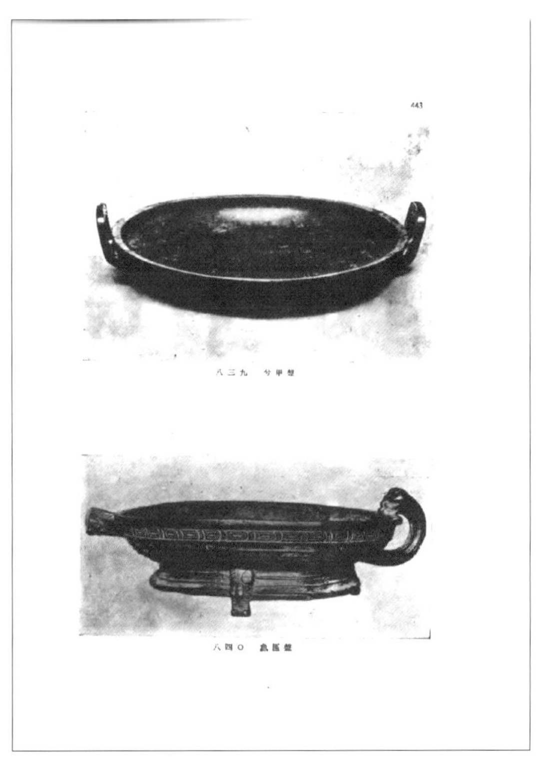

26. 容庚《商周彝器通考》上第五七頁，下圖八三九號，哈佛燕京學社出版，民國三十年（1941年）。

兮田盤　一作兮伯吉甫

周金文存

唯五年三月，既死霸，庚寅，王初格伐玁狁于䍐虘，㊀兮田㊁從王折首執訊，休無斁，㊂王錫兮田馬四匹，駒車。㊃王命田政司四方責，㊄至于南淮夷，淮夷舊我貝畝人，㊅毋敢不出其貝，其責其進，㊆人其責，毋敢不即𠂤即市，㊇敢不用命，則刑撲伐，㊈其唯我諸侯百姓厥責，毋敢不即市，毋敢或入蠻宄，㊉責則亦刑。⑪

兮伯吉甫作盤，其眉壽萬年無疆，子子孫孫永寶用。

此兮伯吉甫從征有功，王錫兮伯車馬，命司四方諸侯實責，作器志寵錄王命辭如此。中間告誡諸被實責之人，辭極委曲詳盡，氣勢雄厚，筆力簡勁，亦周太史手筆也。淮貝亦實物之一，故中間帶敘淮貝，至于南淮夷以下，無筆不轉，無轉不透，非平日養氣功深者不能到此。

責則亦刑句，畫出朝廷威信，雷霆雨露，一般總是順時應物而施。

兮田盤　一一五

兮田盤　一一六

㊀玁狁，北狄名。䍐虘，地名，說文無䍐字，疑即嚣字，䍐从㗊，䍐聲，嚣从吾聲，古音爲一類，例得相段，嚣音浮，（匕又）字亦作眾。㊁兮田，人名，按下文稱田政，又稱兮伯吉甫，則兮田雖似人名，實非人名也，田蓋官名，爲長官之長，故亦曰田政，政與（正）同，兮其采地，伯其爵，吉甫其字也。㊂陣前斬獲者曰折首，生擒者曰執訊，無斁，無厭怠，謂有成功也。㊃駒車，車之以駒駕者，馬六尺以上曰駒。㊄四方，謂諸侯也，責，實也。㊅淮夷之在南者曰南淮夷，淮夷產貝貢貝，故曰貝畝人。㊆進，獻也。㊇師與（𠂤）同，循也，市古文（旅）字，叙也，見儀禮注，卽叙，猶云就範也。㊈撲讀爲（撲），迫擊也。㊉蠻讀爲（亂），亂宄，破壞常法也，宄與（軌）同。⑪責則亦刑，言雖有賞而罰必隨之矣。

23. 黃公渚《周秦金石文選評註》第一一五至一一六頁，民國二十四年（1935年）。

29. 陳夢家《西周銅器斷代》上第三二三至三二七頁，下第八二六頁，圖二一三號，中華書局，2004年（是文作於1965年）。

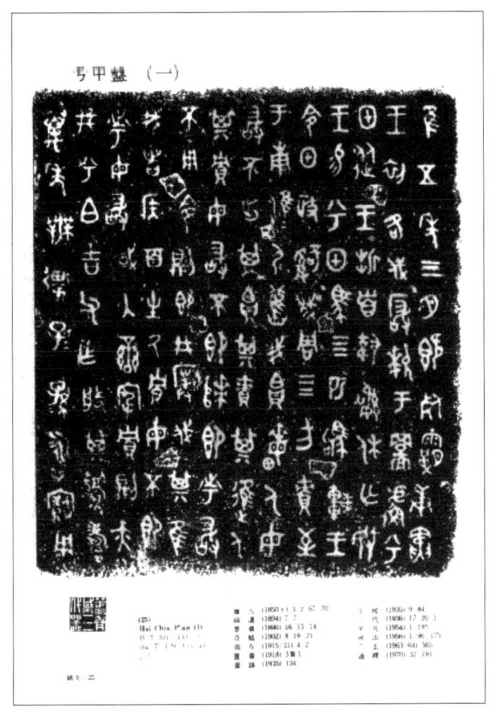

32. 巴納、張光裕《中日歐美澳紐所見所拓所摹金文彙編》卷一第七十頁，銘文二五號，藝文印書館，1978年。

67.《殷周金文集成》第十六冊，第一零一七四號，中國社會科學院考古研究所編，中華書局，1994年。

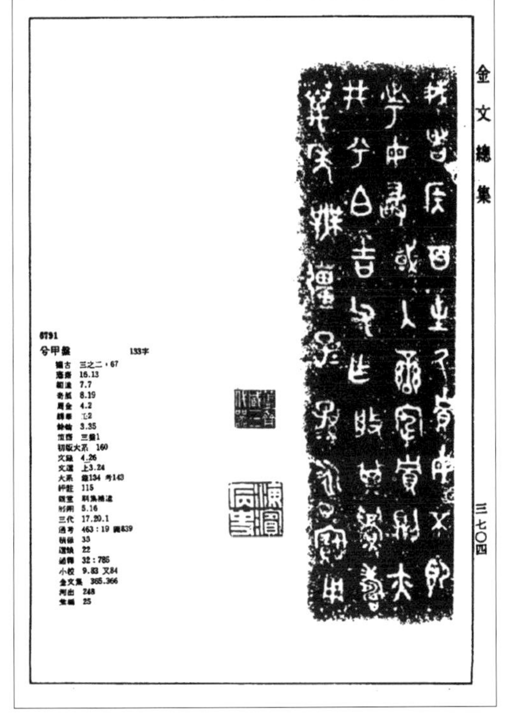

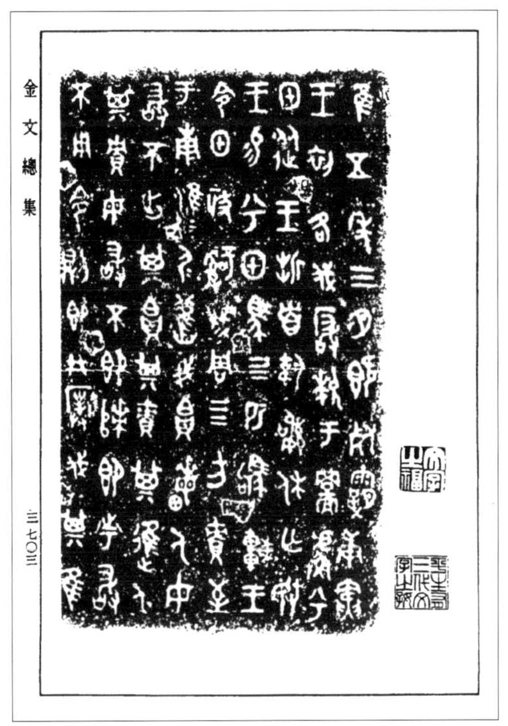

35. 嚴一萍《金文總集》第三七零三至三七零四頁，第六七九一號，藝文印書館，1983年。

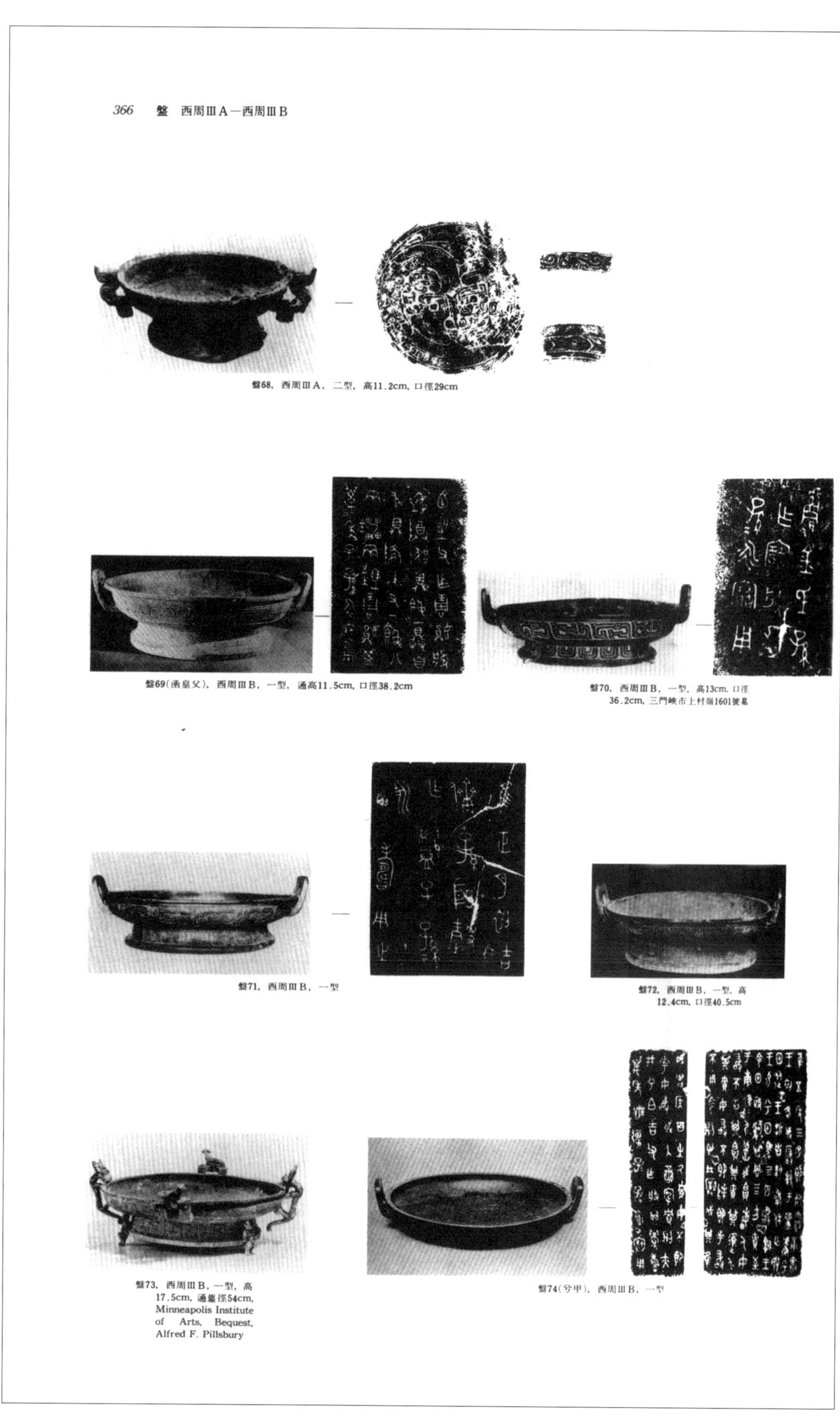

366　盤　西周ⅢA—西周ⅢB

盤68，西周ⅢA，二型，高11.2cm，口徑29cm

盤69(函皇父)，西周ⅢB，一型，通高11.5cm，口徑38.2cm

盤70，西周ⅢB，一型，高13cm，口徑36.2cm，三門峽市上村嶺1601號墓

盤71，西周ⅢB，一型

盤72，西周ⅢB，一型，高12.4cm，口徑40.5cm

盤73，西周ⅢB，一型，高17.5cm，通鋬徑54cm，Minneapolis Institute of Arts, Bequest, Alfred F. Pillsbury

盤74(兮甲)，西周ⅢB，一型

39. 林巳奈夫《殷周時代青銅器的研究——殷周青銅器總覽》(一)第三六六頁，盤七四號，吉川弘文館，昭和五十九年(1984年)。

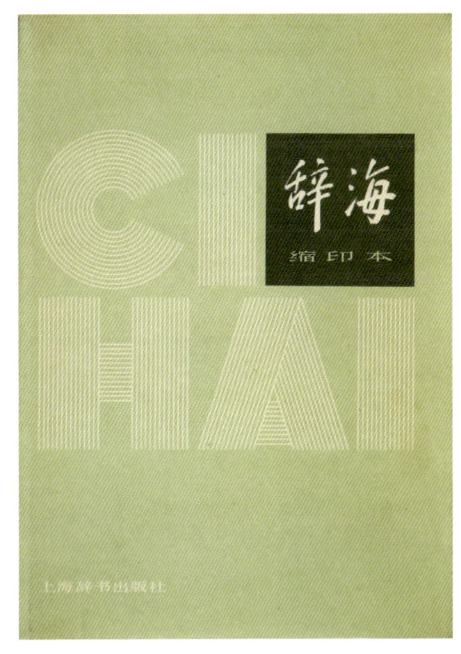

丫鬟　婢女，也叫“丫头”。《红楼梦》第八回：“众嬷嬷丫鬟只得跟随出来。”亦作“丫环”。《儒林外史》第五回：“丫环出来请二位舅爷。”

²兮 (xī)古代诗辞赋中的语助。相当于现代语中的“啊”。《诗·周南·葛覃》：“葛之覃兮，施于中谷。”《离骚》：“纷吾既有此内美兮，又重之以修能。”

兮甲盘　又名“兮伯吉父盘”。西周晚期青铜器。宋代出

（274）　八(丷)部　八　①丫　②兮分

土。铭文一百三十三字，记述兮甲(即尹吉甫)随从周王征伐北方强族玁狁，并奉命对南淮夷征收贡赋。

兮伯吉父(父 fǔ)　即“尹吉甫”。

²分 ㊀(fēn) ❶分开；分出。如：分工；分支。《史记·项羽本纪》：“乃分军为三。”❷离；散。《庄子·渔父》：“远哉其分于道也。”《列子·黄帝》：“用志不分。” ❸分配；给与。如：分粮；分果实。《左传·哀公元年》：“在军，熟食者分，而后敢食。”杜预注：“必须军士皆分熟食，不敢先食；分犹遍也。”又《昭公十四年》：“分贫振穷。”杜预注：“分，与也。”❹辨别；区分；不同。如：分清敌我。《荀子·非十二子》：“苟以分异人

30.《辭海》試行本，第八分冊歷史，第四七三頁，中華書局辭海編輯所，1961 年。

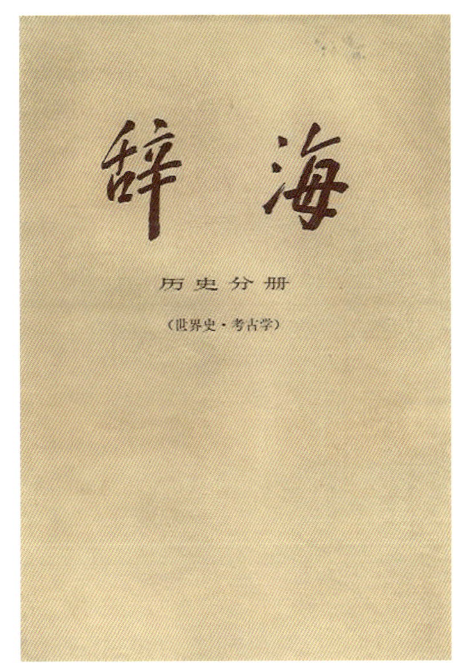

【虢季子白盘】　西周晚期青铜器。长方形，长 130.2 厘米，宽 82.7 厘米，高 41.3 厘米。清道光年间出土于陕西宝鸡虢川司。铭文一百十一字，记述虢季子白奉周王命征伐西北强族玁狁，有所虏获，受赏于周庙。为传世最大的西周时代青铜器。现藏中国历史博物馆。

虢季子白盘

【兮甲盘】　又名“兮伯吉父盘”。西周晚期青铜器。宋代出土。铭文一百三十三字，记述兮甲(即尹吉甫)随从周王征伐北方强族玁狁，并奉命对南淮夷征收贡赋。

31.《辭海》歷史分冊世界史、考古學，第三一八頁，上海辭書出版社，1978 年。

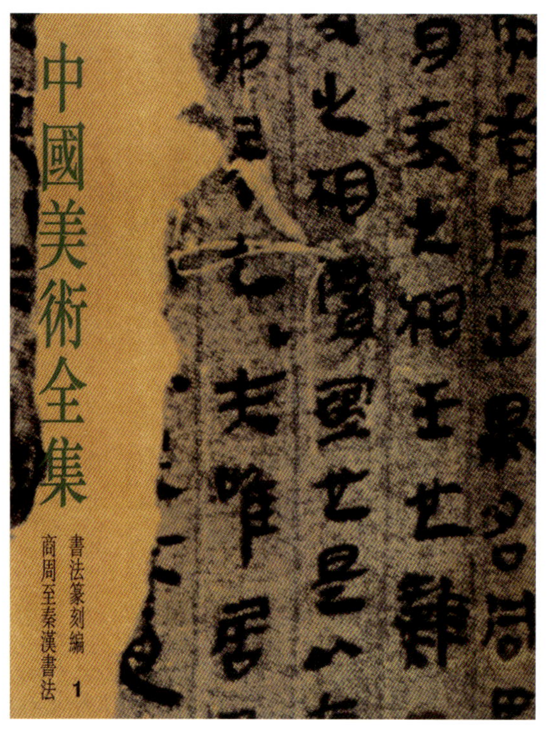

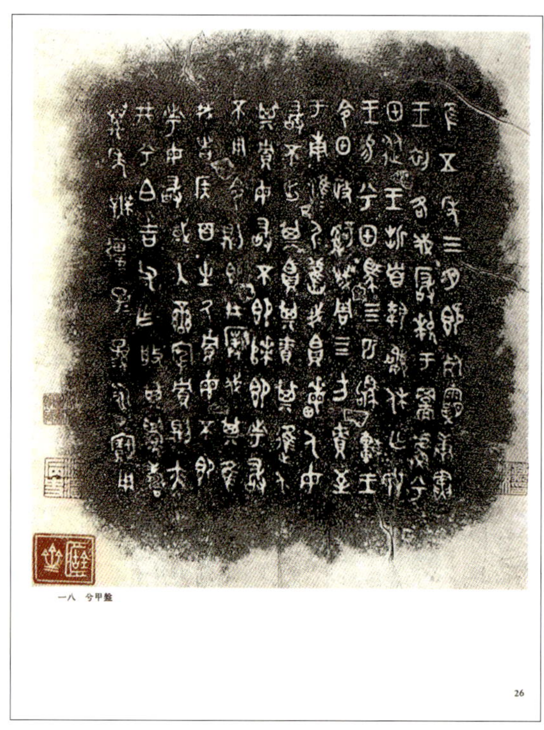

47.《中國美術全集》書法篆刻编 1 商周至秦漢書法、第二六頁、上海人民美術出版社、1987 年。

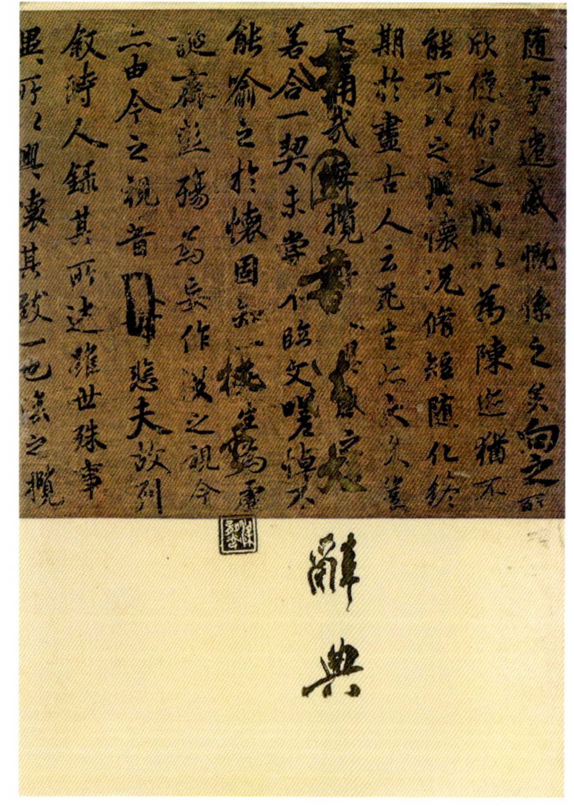

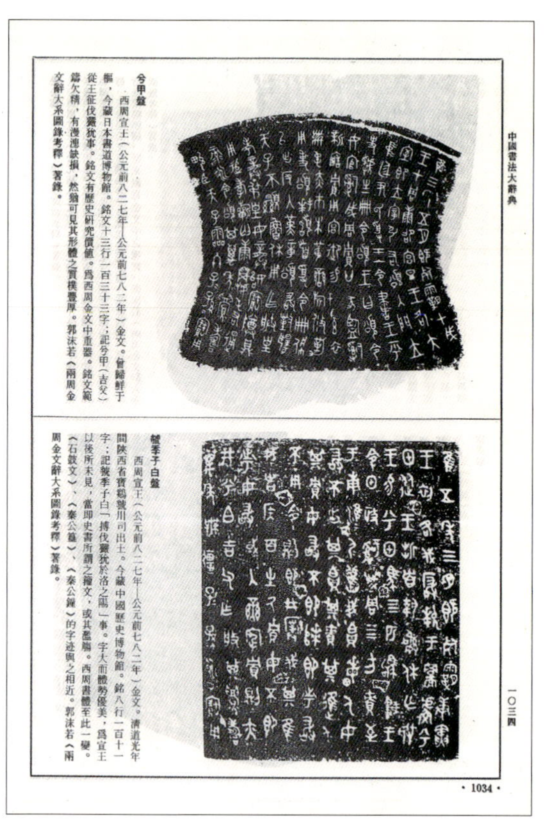

41. 梁披雲《中國書法大辭典》第一零三四頁，廣東人民出版社，1984 年。

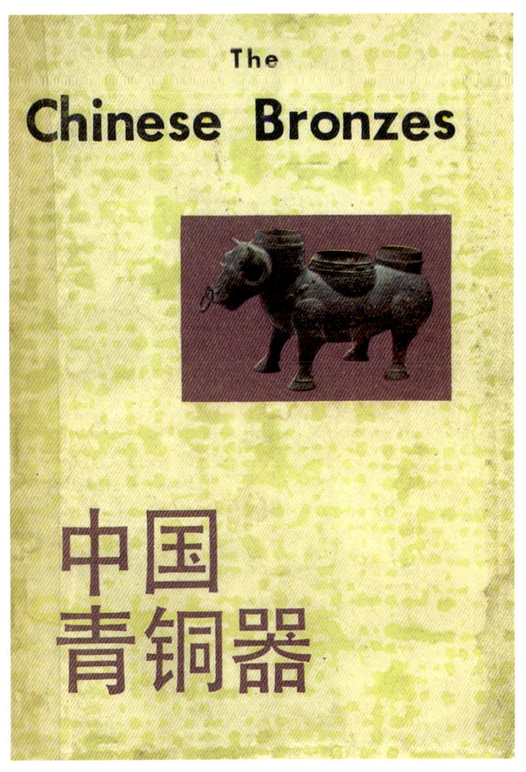

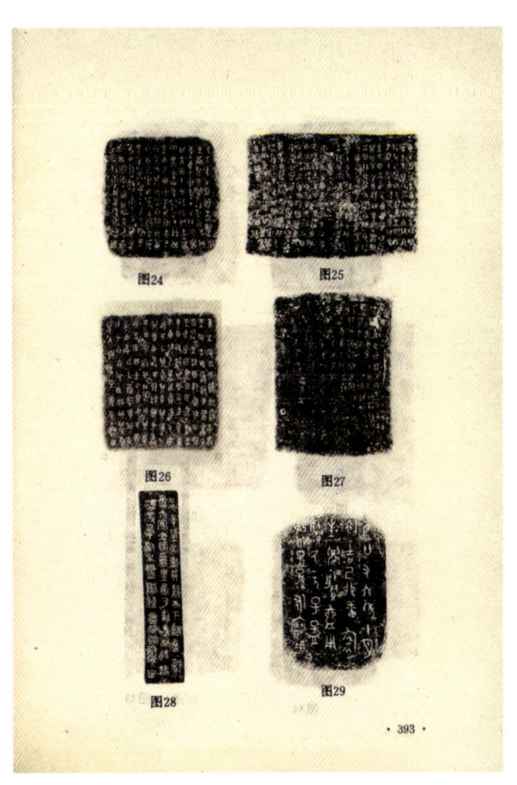

48. 馬承源《中國青銅器》第三九三頁，上海古籍出版社，1988年。

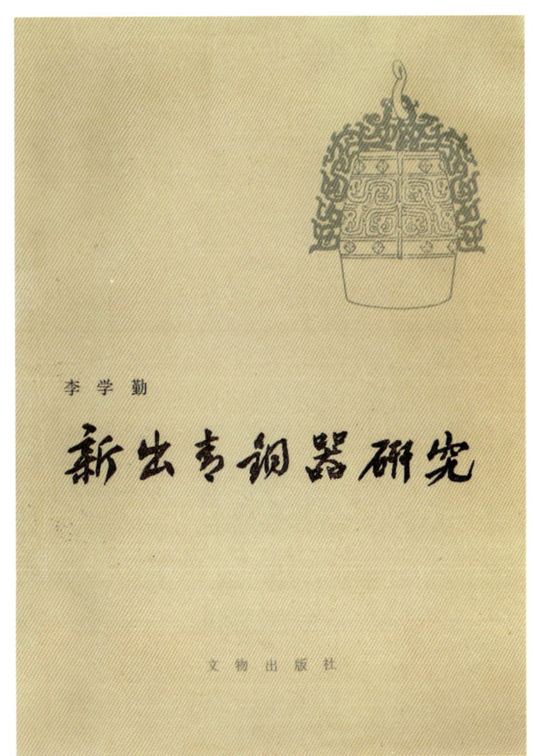

兮甲盘与驹父盨

——论西周末年周朝与淮夷的关系

“江汉浮浮，武夫滔滔，匪安匪游，淮夷来求。既出我车，既设我旟，匪安匪舒，淮夷来铺。”

这是《诗·大雅》所收《江汉》篇的首章。《江汉》一诗，《诗序》云周宣王时大臣尹吉甫所作，描绘了宣王命召穆公征伐淮夷的事迹。同属《荡之什》的《常武》篇，也歌咏伐淮夷一事，《诗序》云召穆公所作，难得它们都能保存下来。对淮夷的战争是所谓宣王中兴的大事之一，但《史记》竟没有什么记载，我们对其经过的知识主要是通过《诗》获得的。

青铜器著录中有著名的兮甲盘（《三代》17,20,1），前人已考定作器者兮伯吉父即尹吉甫，其铭文讲到南淮夷。1974年陕西武功县回龙出土驹父盨①，铭文也涉及南淮夷，并有南仲人名，与《常武》相合。以两铭和《诗》篇对照，不仅可以补苴宣王南征淮夷的史事，更能借以推求这次战争的背景，以及当时周朝同淮夷的政治、经济关系。本文试就这方面几个问题，作探索性的讨论。

一 从兮甲盘谈起

兮甲盘出土于宋代，其形为浅腹附耳，圈足残去，照片见《商周彝器通考》839，现不知收藏所在。铭文写定如下：

“惟五年三月既死霸庚寅，王初格伐猃狁于𠳋𡔨，兮甲从王，折首执讯，休，亡敃，王锡兮甲马四匹、驹车。王令甲政𤔲成周四方责，至于南淮夷。淮夷旧我𧶠晦人，毋敢不出其𧶠、其责、其进人，其贾毋敢不即𫷷即市。敢不用令，则即井𢻬伐。其惟我诸侯百姓，厥贾毋不即市，毋敢或入䜌宄贾，则亦井。兮伯吉父作盘，其眉寿万年无疆，子子孙孙永宝用。”

此铭经过许多学者考释，内容逐渐明白，而杨树达先生所作研究最为精辟②。我们只能在杨说的基础上，作几点补充。

“五年”指宣王五年，公元前823年。按秦仲为戎人所杀，事在宣王四年，或说六年，时间和兮甲盘最为接近。事后，宣王命秦仲之子庄公等五人伐西戎，破之。西戎即猃狁，秦庄

138

55. 李學勤《新出青銅器研究》第一三八頁，文物出版社，1990年。

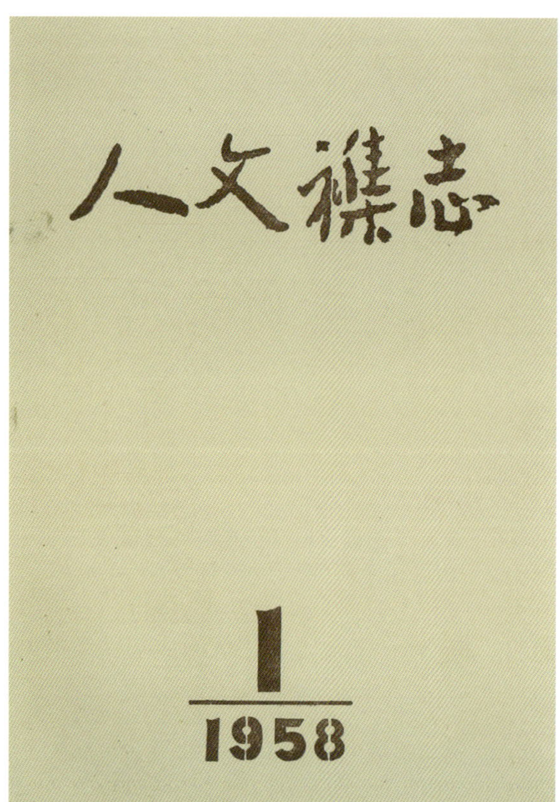

古代的"刑"与"贖刑"

斯維至

古代的"刑"字，不但指加于个人的体罰，并且有用兵、征伐的意义。古書中这类例子很多，如：

"兮甲盤"："敢不用命，則卽刑撲伐……毋敢不卽市，毋敢或入蛮宄貫，則亦刑"。

"国語、晉語"："君人者，刑其民。成而后振武于外，是以內和而外威……夫战刑也，刑之过也。"

"国語、魯語"："刑五而已。……大刑用甲兵，其次用斧鉞；中刑用刀鋸，其次用鑽笮，薄刑用鞭朴，以威民也。故大者陈之原野，小者致之市朝。"

"周礼、秋官、大司寇"："大司寇之职，掌建邦之三典，以佐王刑邦国，詰四方。一曰刑新国，用輕典；二曰刑平国，用中典，三曰刑乱国，用重典。"

以上諸例，除"晉語"明白說"夫战刑也"以外，其余諸例的意思也是很清楚的。"兮甲盤"是記兮伯吉父（卽"詩""六月"之尹吉甫）征伐淮夷的事，"刑"与"撲伐"連文，則"刑"也有"撲伐"的意思。魯語說"大刑用甲兵"，又說"陈之原野"，这也显然是指战爭。"周礼"大司寇之职，其用刑旣以国家为对象，也必定是指战爭，而不是仅仅指体罰。

由上所述，"刑"原有用兵、征伐的意义，已无疑問；但战爭中最先获得的就是俘虜，而为了迫使他們的順从，自必加以最严酷的体罰。因此，由征伐之"刑"而为体罰之"刑"，本来是很自然的。正确說，征伐之"刑"与体罰之"刑"就是一件事的兩面。"墨子、天志篇"說："民之格者，則勁拔之，不格者則系纍而归。丈夫以为僕圉胥靡，妇女以为舂酋。"正好說明了刑罰的起源是由于虐待俘虜，追使他們的順从。"左傳"僖二十五年記晉伐南阳，阳樊人因与晉同姓，表示不服。蒼葛呼曰："德以柔中国，刑以威四夷"。由此可見，"德"与"刑"的对象是不同的：卽对本族人民用"德"，（卽祖先傳下来的习慣法）对異族人民才用刑罰，才用战爭。但在后来由于阶級的对立愈来愈显明，因此虽然是同族人也不能不用刑罰了。"礼記、曲礼"說："礼不下庶人，刑不上大夫"，那么，最初虽在同族，用刑的对象也仍不同。

所謂"墨、劓、剕、宮、大辟"五刑，終究始于何族，已很难确知。但古人以讀"尙書、呂刑"："苗民弗用灵，制以刑，惟作五虐之刑"，因而認为五刑是由苗民所創，这实在是莫大的誤会。我按«呂刑"开头就已說明"惟呂命王，享国百年耄荒，度作刑以詰四方"（此与"周礼"大司寇职文正同）則"呂刑"明明是戒穆王"耀德不观兵"（"国語、周語"）之意。因此五刑云云也决不是苗民所創；相反的倒是周人虐待苗民的刑罰。

准上刑罰与征伐的关系，我認为古代所謂"贖刑"也是由軍事制度演变而来。相傳夏已"金作贖刑"，这当然不一定可靠。"尙書、呂刑"記"贖刑"最为詳細，說："墨辟疑赦，其罰百鍰，閱实其罪。劓辟疑赦，其罰惟倍，閱实其罪。剕辟疑赦，其罪倍差，閱实其罪。宮辟疑赦，其罰六百鍰，閱实其罪。大辟疑赦，其罰千鍰，閱实其罪。"照此文表面看来，"贖刑"就是用金

28. 斯維至《古代的"刑"與"贖刑"》，《人文雜誌（第一期）》第八二頁，1958 年。

14539. 兮甲盤

【時　　代】西周晚期。

【出土時地】此器宋代出土，見於《紹興內府古器評》。

【收 藏 者】元代李順父持歸鮮于樞（見《研北雜志》），後入保定宮庫，再後爲陳介祺所得。

【形制紋飾】敞口淺腹，窄沿方唇，一對附耳高出盤口。

【著　　録】三代 17.20，攈古 3 之 2.67，愙齋 16.13.2，綴遺 7.7.2-8.1，奇觚 8.19.1-2，周金 4.2.1-2，簠齋三盤 1，大系録 134，小校 9.84.1，彙編 25，北圖拓 250，集成 10174，總集 6791，綜覽 · 盤 74，斷代 862 頁 213，銘文選 1.437。

【銘文字數】內底鑄銘文 133 字（其中重文 4）。

【銘文釋文】隹（唯）五年三月既死霸庚寅，王初各（格）伐厰（厥、玁）執（狁）于𨸏（彭）盧，兮田（甲）從王，折首執𣪘（訊），休亡敃（愍），王易（錫）兮田（甲）馬三（四）匹、駒車，王令田（甲）政（征）𤔲（司）成周亖（四）方責（積），至于南淮尸（夷），淮尸（夷）舊我貟（帛）畮人，母（毋）敢（敢）不出其貟（帛）、其責（積）、其進人，其貯，母（毋）敢（敢）不即𠂤（次）即𡴂（市），敢（敢）不用令（命），鼎（則）即井（刑）𢦏（撲）伐，其隹（唯）我者（諸）𥎦（侯）、百生（姓），氒（厥）貯，母（毋）不即𡴂（市），母（毋）敢（敢）或入蠻（蠻）宄（宄）貯，鼎（則）亦井（刑）。兮白（伯）吉父乍（作）般（盤），其釁（眉）壽（壽）萬年無疆（疆），子子孫孫永寶用。

原寬 22.1 釐米

95. 吴鎮烽《商周青銅器銘文暨圖像集成》第二五冊第五九五至五九六頁，第一四五三九號，上海古籍出版社，2012 年。